梦想系列丛书

丛书主编：庞仿英

法律零距离

孙春勇　编著

ZHEJIANG UNIVERSITY PRESS

浙江大学出版社

图书在版编目（CIP）数据

法律零距离 / 孙春勇编著. — 杭州 ：浙江大学出版
社，2021.6（2022.8重印）
ISBN 978-7-308-21246-5

Ⅰ．①法… Ⅱ．①孙… Ⅲ．①法律课—初中—课
外读物 Ⅳ．①G634.263

中国版本图书馆CIP数据核字（2021）第060343号

法律零距离

孙春勇　编著

策划编辑	吴伟伟	
责任编辑	马一萍	
责任校对	陈逸行	
封面设计	周　灵	
出版发行	浙江大学出版社	
	（杭州天目山路148号　　邮政编码 310007）	
	（网址：http://www.zjupress.com）	
排　　版	杭州林智广告有限公司	
印　　刷	杭州高腾印务有限公司	
开　　本	787mm×1092mm　1/16	
印　　张	9	
字　　数	161千	
版 印 次	2021年6月第1版　2022年8月第2次印刷	
书　　号	ISBN 978-7-308-21246-5	
定　　价	36.00元	

序
生成·生活·生动·生长

　　杭州师范大学附属仓前实验中学的庞仿英校长嘱我为"仓中梦想教材系列"之《法律零距离》写序，实在是应之心虚、却之不恭，那就借此机会谈谈我对校本课程建设的一些想法吧。什么样的校本课程才是理想的校本课程？这是个复杂的问题，不同的人会有不同的评价标准。从基层学校、一线教师的角度，我觉得可以从"生成""生活""生动""生长"四个维度来看一门校本课程的开发与开设。

　　首先，校本课程是"生成"的课程。

　　校本课程的特色在于"校本"，相对于从外面引进的"现成"课程而言，校本课程应该是在教育教学实践中，从学校这个"根本"上自主生成的课程。因此，校本课程的开发需与学校的培养目标及与之相适应的课程体系配套。仓前实验中学基于"让梦想成就学生美好未来"的办学理念和培养以"讲规则，担责任；强体魄，展活力；博学识，重积淀；勤实践，会思考；有梦想，勇追求"为核心素养的仓中追梦少年的目标，构建了"梦想课程系列"。梦想的实现离不开对规则的遵循，而法律又是人在社会上应遵守的最基本规则。《法律零距离》作为仓前实验中学教材体系的重要组成部分，秉持学校的办学理念，承载着学校的培养目标，以校为本、因校而生，具有鲜明的校本特色。

　　校本课程是相对国家课程而言的，但两者并不是割裂的，更不是对立的。拓展性校本课程其实是对国家基础课程的拓展和深化，即除了有学校之"根"外，往往还存在着自己的学科之"根"。"法律零距离"校本课程的成功，很大程度上就在于教师把握了它与国家课程的关系。从横向看，"法律零距离"做到了与初中国家课程"道德与法治"内容上的相互衔接；从纵向看，"法律零距离"很好地体现了高中思想政治学科中，法制意识这一核心素养的培育要求。如果说学校之"根"是校本课程的特色所在，那么学科之"根"则是校本课程的生命所系。脱离了国家课程的依托，拓展性校本课程无疑就成了无本之木、无源之水。

校本课程的开发，既要坚持以校为本，抓住学校的"根"；又要坚持以学科为本，抓住学科的"根"。成功的校本课程，总是在具体的根上"生成"的。但反过来，学校课程体系必须以各学科课程体系为支撑，而学科课程体系又是由一门一门具体的课程（包括国家课程和校本课程）构成的。因此，各门具体课程、学科课程体系、学校课程体系三者应该是层层递进而又浑然一体的。

其次，校本课程是"生活"的课程。

英国的怀特海在《教育的目的》中指出："教育只有一个主题——那就是多姿多彩的生活。""生活即教育"，从一定程度看，有什么样的生活，决定了有什么样的课程；有什么样的课程，就有什么样的教育。相对于国家课程，校本课程在展现生活主题方面无疑具有更大的优势和空间。"让梦想成就学生美好未来"，其前提是要让学生能梦、敢想，要让每一位学生都树立自己的梦想。因此，把这种办学理念转变为办学实践，需要学校的课程支撑，学校课程要给学生展现一种更为丰富的生活、一个更为宏大的世界，让学生的小目标变得更清晰，让学生的大梦想变得更丰满，引导和激励他们去追逐、去奋斗。

"法律零距离"课程就很好地打通了知识世界和生活世界的联系。微观而言，课程的编排坚持了从生活中来到生活中去的思路，"法律基础篇"中的每节课，都通过"情境再现"栏目，以漫画、文字等生活化情境作为导入，体现了"从生活中来"；每节课又以"学以致用"栏目为结束，将所学的法律知识运用于现实问题，体现了"到生活中去"。"学法活动篇"更是做到了课程和生活的无缝对接。宏观视之，从党的十八届四中全会通过《中共中央关于全面推进依法治国若干重大问题的决定》，对全面推进依法治国做出战略部署，到组建中央全面依法治国委员会，加强党对全面依法治国的集中统一领导，统筹推进全面依法治国工作，全面依法治国已成为我国全面深化改革的抓手、定海神针和助推器。在这样的大背景下，"法律零距离"架通了学校、教育、生活和国家"四个全面"战略布局之间的桥梁。因此，校本课程除了要关注家庭、校园的"小生活"，还要关注国内外的经济、政治等"大生活"。

校本课程是"生活"的课程，一方面要注重以生活情境充实课程内容，让学生在课程学习中体验生活、接受教育；另一方面又要通过情境为学生提供一个观察世界、思考人生、提升素养、放飞理想的平台。

再次，校本课程是"生动"的课程。

从一定程度上来说，校本课程是专为本校学生量身定做的课程，是最适合学生的课程，也是最符合学生需求、最能调动学生积极性的课程。因此，校本课程理应是"生动"的课程。这里的"生动"，可以有不同的层次：

一是呈现方式的生动。怎样把课程内容以最理想的方式呈现出来，是校本课程开发和开设必须考虑的问题。"法律零距离"的课程呈现方式，是值得一线教师学习的。首先，"法律零距离"将课程分成"法律基础篇"和"学法活动篇"，是一种非常用心也非常专业的设计。因为法律知识的运用、规则意识的增强和法制观念的提升，单纯地靠法律基础知识学习是不够的，必须让学生参与一定的活动和实践才能真正产生效果。再就"法律基础篇"而言，课程的编写者把每一课的内容都设计成了"情境再现"—"想一想"—"阿勇说法"—"法律链接"—"学以致用"等环节和栏目，不但丰富了课程内容的呈现方式，更是提供了学生将理论付诸实践的机会，使枯燥乏味的法律知识变得生动有趣起来。

二是实施方式的生动。课程的实施方式，可以从不同的角度来讨论。从老师组织教学层面看，可以分为灌输式、讲授式、活动式等；从学生学习层面看，可以分为自主学习式、合作学习式和探究学习式；从具体活动形式看，则更多了，诸如讨论、辩论、探究、调查、表演、展示、竞赛、社会实践等等。《法律零距离》除了在"法律基础篇"中有用得比较多的"想一想""学以致用"栏目，在"学法活动篇"还涉及了创编法制小报、撰写案例体会、召开主题班会、举办知识竞赛、建立模拟法庭、组织社会实践与辩论赛等环节，可谓形式丰富多样。

三是评价方式的生动。课程评价是课程育人能否取得理想效果的关键，但事实上也是校本课程实施中的难点，是校本课程建设中最为薄弱的环节。一门课程到底生动与否，需要课程的实施者在实施过程中是否开动脑筋。当然，从"法律零距离"的课程内容看，其中的辩论赛、主题班会、知识竞赛、法制小报、案例体会撰写评比等活动，其实本身就已包含了评价。

无论是课程的呈现方式，实施方式，还是评价方式，事实上都是一个没有最好只有更好的问题。因此，需要课程的开发者和实施者在实践过程中勇于探索、不断改进、善于创新。

最后，校本课程是"生长"的课程。

有人把教育比作农业，那课程就是"农田"，而学生无疑就是"教育农田"上苗壮成长的"禾苗"。农田是为禾苗的生长提供养料的，课程是育人的关键，好的课程自然也应该为学生的成长服务。"法律零距离"校本课程就是仓中学子苗壮成长的一小块优质"农田"，在他们建立是非观、增强规则意识、提升法制素养的过程中，提供源源不断的养分。对于上述有关学生的"生长"，相信每一位老师都是十分重视的。但是，我这里所指的"生长"，还有另外两层意思：

一层是教师的"生长"。毋庸讳言，校本课程建设对一线教师提出了很高的要求，也明显加重了他们的工作负担，因此遭到不少老师的反对和抵制。但其实，校本课程建设对教师来说，也应该是一块能让其不断得到"生长"的"沃土"。因为在这个过程中，教师所付出的辛苦，经历的痛苦或煎熬，都是未来专业发展的养料。我想，本书的编著者孙春勇老师应该对此深有体会。只是教师在工作的过程中，一心扑在学生上，忘了这个过程其实也是充电学习、总结经验、汲取教训的自我成长过程。教学管理者在校本建设中，也会将目光更多地聚焦于学生的成长、学校的发展，而易忽略校本课程建设对教师专业发展的推动作用。学校应努力增强教师在校本课程建设中的获得感，追求教师专业发展和学生生命成长、学校特色创建的"三赢"。这是一所学校可持续、高品质发展的最可靠保证。

另一层是课程本身的"生长"。实事求是地说，一线教师并不是课程专家，也不一定是学科专家，所以其开发的校本课程并不一定非常成熟，甚至可能非常不成熟，需要在课程实施的过程中不断修正、及时完善。这就注定了课程建设是一项等不得但也急不得的工作，它需要在一个良好的环境里慢慢生长。"法律零距离"校本课程从2006年2月的青少年普法教育工作开始，到2015年6月为适应深化义务教育课程改革而梳理、整合、构建体系，可谓十年磨一剑；再到2018年底成功入选"浙江省义务教育精品课程"，又是三年多精益求精的打磨。13年的时间，使一项普通的学校普法工作慢慢地生长成了一门省级精品课程。

难能可贵的是，我们从"法律零距离"中可以看到，学生的很多课程学习成果已编入教材，成为课程本身的一部分。这既是学生在课程中成长的轨迹，也是课程本身自我生长的见证，当然更是学校和老师正确的课程观、资源观、评价观在课程实施中的体现。

最后说明一下，校本课程是"生成"的课程，是从侧重于课程开发的角度来说的；校本课程是"生活"的课程，是从侧重于课程内容的角度来说的；校本课程是"生动"的课程，是从侧重于课程实施的角度来说的；校本课程是"生长"的课程，是从侧重于课程成效的角度来说的。不管怎样，课程的开发、内容、实施、成效等，都应该是课程建设需要考虑的问题。

王国芳[①]
2021年3月

---

① 浙江省教育厅教研室高中思想政治教研员，浙江省特级教师。

自　序

江南粮仓，灵源佳地，仓前自古耕读传家。

坐落在国学大师章太炎故乡的杭州师范大学附属仓前实验中学，一直以来秉承先辈伟人严谨的治学理念。无论时代如何变迁，我们仍可以看到彬彬的君子风范以及性善若水的情怀在一代又一代的仓前学子身上绵延。

学校以"让梦想成就学生美好未来"为办学理念，以"打造适应未来发展的高品位优质科技城学校"为办学定位，以培育"讲规则、担责任；强体魄、有活力；厚基础、善学习；勤实践、会创新；有梦想、勇追求"五大核心素养为基础的具有"乡土情怀、学识底蕴、众创意识"的仓中追梦少年为学生培养目标。

《法律零距离》是仓中"梦想课程"体系之"法制教育校本教材"。

初中是人生的一个重要阶段，在这个阶段，同学们已经有了基本的辨别是非的能力，也有一定的控制自己行为的能力。因此，初中学生应了解必要的法律知识，知道如何正确行使自己的权利，履行相应的义务，养成知法、懂法、守法的习惯，提高自身的法律素养，做一个合格的公民。

为了使大家更快、更轻松地了解法律知识，我们精心编写了这本法制教育校本教材——《法律零距离》。希望通过一个个鲜活的情境故事告诉大家一些基本的法律知识，教会大家如何规范自己的行为、如何保护自己，增强自我防范的意识；也希望大家能积极地参与到学校的各类学法活动中，在活动中体验，在体验中感悟，进一步提高自身学法、用法的能力，争当普法小使者、守法好公民。

需要说明的是，为使校本教材更有生动性和直观性，能更好地引导青少年读者学法、守法，本书在编著过程中使用了新华社、南方日报、搜狐网等新闻媒体及网站中的图片。来自新闻媒体中的图片我们随图直接标明；考虑版面美观问题，选自网站的图片我们以参考文献的形式列出；个别图片到目前依然尚未能与作者取得联系，实为遗憾。希望这些作者见到本书后与作者联系，在此我们表示由衷的感谢。

最后，真诚地祝愿每一位同学，学好法制第一课，迈好青春第一步，为成为"讲规则、担责任"的仓中追梦少年奠定良好基础，为建设社会主义法治社会贡献力量。

阿勇老师

2021 年 3 月

目录
Contents

学法活动篇

法律基础篇

　　本篇主要选择与我们中学生密切相关的一些法律法规，如《中华人民共和国宪法》《中华人民共和国未成年人保护法》《中华人民共和国预防未成年人犯罪法》《中华人民共和国义务教育法》《中华人民共和国消费者权益保护法》《中华人民共和国刑法》《中华人民共和国治安管理处罚法》等，主要是通过案例分析的形式帮助大家学习法律基础知识。

　　同学们，学法才能知法、懂法，懂法才能守法、用法。希望通过这个篇章的学习，大家初步掌握一些必要的法律知识，做一个有法律素养的小公民。

第一课　依法治国总章程

一、宪法是根本大法

情境再现

庄严宣誓　　　　　　　新华社发　大巢　作

想一想

上述漫画内容说明了什么？国家为什么要设立"12·4国家宪法日"？

阿勇说法

上述漫画体现了宪法至高无上的地位。宪法是治国安邦的总章程，是国家的根本大法，具有最高的法律效力、法律地位、法律权威，是所有社会成员的最高行为准则。

宪法是制定其他法律的基础和依据，普通法律是依据宪法制定的，是宪法的具体化。

宪法具有最高的法律效力，一切法律、行政法规和地方性法规都不得与宪法相抵触。

1. 宪法的内容

宪法是国家的根本大法，是治国安邦的总章程，适用于全体公民，是特定社会政治经济和思想文化条件综合作用的产物，集中反映各种政治力量的实际对比关系，确认革命胜利果实和现实的民主政治，规定国家的根本任务和根本制度，即社会制度、国家制度的原则和国家政权的组织以及公民的基本权利和义务等内容。

2. 国家宪法日

2014 年 11 月 1 日十二届全国人大常委会第十一次会议表决通过决定，将 12 月 4 日设立为国家宪法日。设定国家宪法日主要目的是增强全社会的宪法意识，弘扬宪法精神，加强宪法实施，全面推进依法治国。每年 12 月 4 日，国家通过多种形式开展宪法宣传教育活动。

法律链接

《中华人民共和国宪法》序言：本宪法以法律的形式确认了中国各族人民奋斗的成果，规定了国家的根本制度和根本任务，是国家的根本法，具有最高的法律效力。全国各族人民、一切国家机关和武装力量、各政党和各社会团体、各企业事业组织，都必须以宪法为根本的活动准则，并且负有维护宪法尊严、保证宪法实施的职责。

《中华人民共和国宪法》第一章第五条：国家维护社会主义法制的

统一和尊严。一切法律、行政法规和地方性法规都不得同宪法相抵触。一切国家机关和武装力量，各政党和社会团体、各企业事业组织都必须遵守宪法和法律。一切违反宪法和法律的行为，必须予以追究。任何组织或者个人都不得有超越宪法和法律的特权。

学以致用

1. 请用文字或图片说明我国宪法与其他法律之间的关系。

2. 请你为今年的 12·4 国家宪法日设计一个班级活动方案或主题活动海报。

二、宪法规定公民权

 情境再现

想一想

上面哪些漫画体现了公民的权利？是何种权利？哪些漫画体现了公民的义务？是何种义务？

阿勇说法

公民权是公民权利的简称。公民依法享有的政治、经济、文化和人身等各项权利。既包括宪法规定的基本权利，又包括一般法律规定的其他权利。

我国宪法规定了公民的基本权利和基本义务。

1. 公民的基本权利

（1）法律面前一律平等；（2）政治权利和自由，包括选举权和被选举权，言论、出版、集会、结社、游行、示威的自由；（3）宗教信仰自由；（4）人身与人格权，包括人身自由不受侵犯，人格尊严不受侵犯，住宅不受侵犯，通信自由和通信秘密受法律的保护；（5）监督权，包括对国家机关及其工作人员有批评、建议、申诉、控告、检举并依法取得赔偿的权利；（6）社会经济权利，包括劳动权利，劳动者休息权利，退休人员生活保障权利，因年老、疾病或丧失劳动能力时有从国家和社会获得物质帮助的权利；（7）社会文化权利和自由，包括受教育权利，进行科学研究、文学艺术创作和其他文化活动的自由；（8）妇女保护权，包括妇女在政治的、经济的、文化的、社会的和家庭生活的等各方面享有同男子同等的权利；（9）婚姻、家庭、母亲和儿童受国家的保护；（10）华侨、归侨和侨眷的正当权利和利益受国家保护。

2. 公民的基本义务

（1）维护国家统一和全国各民族团结的义务；（2）遵守宪法和法律，保守国家秘密，爱护公共财产，遵守劳动纪律，遵守公共秩序，尊重社会公德；（3）维护祖国的安全、荣誉和利益的义务；（4）保卫祖国，抵抗侵略，依法服兵役和参加民兵组织；（5）依法纳税；（6）受教育的义务；（7）劳动的义务等其他义务。

法律链接

《中华人民共和国宪法》第二章第三十三条：凡具有中华人民共和国国籍的人都是中华人民共和国公民。中华人民共和国公民在法律面前一律平等。国家尊重和保障人权。任何公民享有宪法和法律规定的权利，同时必须履行宪法和法律规定的义务。

学以致用

1. 任意选择上述一项公民的基本权利（或义务），从青少年的角度谈谈如何来行使（或履行）。

第二课　法治社会共维护

一、法律为我来护航

情境再现

禁"药"　　　　　　　　　　新华社发　徐骏　作

强化全面保护　　　　新华社发　徐骏　作

作出进一步规定　　　　　　新华社发　徐骏　作

想一想

上述漫画共同说明了什么问题？

阿勇说法

目前，我国以宪法为核心的中国特色社会主义法律体系正不断完善。这些法律法规在各个方面维护社会的安全稳定，保护公民的合法权益，如：刑法是惩治犯罪、保护国家和人民利益的有力武器；治安管理处罚法维护社会治安秩序，保障公共安全，保护公民合法权益；食品安全法让我们吃得放心，吃得更健康；新环保法让天更蓝、水更清；义务教育法保障适龄儿童、少年接受义务教育的权利；而未成年人保护法、预防未成年人犯罪法是给予未成年人特殊保护的专门性法律。因为未成年人身心发育尚不成熟，自我保护能力较弱，辨别是非能力和自我控制能力不强，容易受到不良因素的影响和不法侵害，需要给予特殊的保护。还有婚姻法、反家庭暴力法等其他法律都涉及保护未成年人的内容。

同学们，国家通过法律给我们创造了一个安定有序的法治社会，保障我们的合法权益，为我们追梦护航。我们应该珍惜眼前的美好，努力学习，学好本领，回报社会。

法律链接

《中华人民共和国未成年人保护法》第一章第四条：保护未成年人，应当坚持最有利于未成年人的原则。处理涉及未成年人事项，应当符合下列要求：（一）给予未成年人特殊、优先保护；（二）尊重未成年人人格尊严；（三）保护未成年人隐私权和个人信息；（四）适应未成年人身心健康发展的规律和特点；（五）听取未成年人的意见；（六）保护与教育相结合。

《中华人民共和国反家庭暴力法》第一章第一条：为了预防和制止家庭暴力，保护家庭成员的合法权益，维护平等、和睦、文明的家庭关系，促进家庭和谐、社会稳定，制定本法。

学以致用

1. 请列举出你所知道的我国其他的法律法规。

2. 查阅相关法律原文，了解未成年人具体享有哪些方面的特殊保护。

二、合格公民我来做

遗"陋"　　　新华社发 蒋跃新 作

想一想

上面四幅漫画分别反映了什么问题？这些行为会造成哪些危害或不良影响？

阿勇说法

同学们，我国已经建立起了相对完善的法律体系，维护社会的稳定有序，充分保障公民的合法权益。但是法律除了保护作用之外还有规范作用，让我们明确在社会生活中可以做什么，应该做什么，应该怎样做。

上述四幅漫画中的行为都是法律禁止的。漫画一中的行为属于校园欺凌，危害他人身心健康是法律所不允许；漫画二中的两位小孩破坏公共设施，没有履行爱护公共财产的基本义务；漫画三中的乱涂乱画行为已经违反了文物保护法和治安管理处罚法的规定；漫画四中的行人闯红灯，违反了道路交通安全法的规定。这些行为都对社会造成了一定的危害，已经构成了违法。

同学们，法律是我们行为的底线，是不能触碰的"高压线"，一旦违法就要承担相应的法律责任。我们要多学习法律知识，知法懂法、学法用法，争做一个合格的好公民，为构建社会主义法治社会贡献自己的力量。

法律链接

《中华人民共和国治安管理处罚法》第三章第四节第六十三条：有下列行为之一的，处警告或者二百元以下罚款；情节较重的，处五日以上十日以下拘留，并处二百元以上五百元以下罚款：（一）刻划、涂污或者以其他方式故意损坏国家保护的文物、名胜古迹的；（二）违反国家规定，在文物保护单位附近进行爆破、挖掘等活动，危及文物安全的。

《中华人民共和国道路交通安全法》第四章第四节第七十五条：行人横过机动车道，应当从行人过街设施通过；没有行人过街设施的，应当从人行横道通过；没有人行横道的，应当观察来往车辆的情况，确认安全后直行通过，不得在车辆临近时突然加速横穿或者中途倒退、折返。

学以致用

1. 请列举身边的违反法律的行为，并分析其危害。

2. 请设计一份"自觉遵纪守法 争做合格好公民"的主题小报。

第三课　学生在校受保护

一、我的隐私受保护

情境再现

中学在男厕装摄像头防抽烟 同学觉得很尴尬

　　近日有媒体报道：江苏省徐州市某区某中学为防止学生在厕所抽烟，竟然在男厕所安装了摄像头。同学们觉得一进厕所就好像被人盯着，很尴尬。很多同学都表示宁可憋着，也不愿意上厕所了……

想一想

你赞不赞同这所学校的做法？为什么？

阿勇说法

上述案例中学校的做法，阿勇老师认为是不妥的。因为公厕、浴室等虽然属于公共场所，但有很强的隐私性。学校在男生厕所安装摄像头，涉嫌侵犯学生的隐私权。

通过这个案例，我们一起来探讨公民隐私权的问题吧。个人隐私是指公民个人生活当中不希望被他人知悉或不愿意被公开的个人私事，如私人日记、通讯软件聊天记录、个人身体秘密等私人信息；日常生活、社会交往中的个人私事；住宅、个人行李、书包、抽屉等私人领域。隐私权是指公民依法享有私人生活安宁和私人信息保密的权利。保护隐私权不仅仅是每个人的正当要求，也是国家和公民的责任。

未成年人的心理虽尚未成熟，但也有自己的隐私。个人是否存在隐私，并不能以其心理是否成熟作为评判条件。未成年人正处于生长发育期，情感比较脆弱，自我控制能力和心理防卫能力都比较差，个人隐私一旦被侵犯，往往会造成一些损害身心健康的后果，现实生活中关于这方面的报道也屡见不鲜。因此，法律明文规定，对未成年人的隐私要严格保护。

总之，同学们要知道哪些属于个人隐私，哪些是侵犯隐私权的行为。若个人隐私受到侵犯，一定要及时地制止，并依法维权。

法律链接

《中华人民共和国未成年人保护法》第六十三条：任何组织或者个人不得隐匿、毁弃、非法删除未成年人的信件、日记、电子邮件或者其他网络通讯内容。除下列情形外，任何组织或者个人不得开拆、查阅未成年人的信件、日记、电子邮件或者其他网络通信内容：（一）无民事行为能力未成年人的父母或者其他监护人代未成年人开拆、查阅；（二）因国家安全或者追查刑事犯罪依法进行检查；（三）紧急情况下为了保护未成年人本人的人身安全。

学以致用

下列哪些属于侵犯隐私权的行为？指出并简要说明理由。

1. 班主任怀疑小倩有早恋倾向，私自截留并拆看她的信件。

2. 小明将某同学偷拿了同桌 300 元的事情告诉了班主任。

3. 小丽将好朋友雯雯背上有块很大胎记的事情悄悄告诉了其他同学。

4. 班里同学不经小李同意私自传阅他的日记本。

二、在校学习讲安全

 情境再现

> 课间，某实验学校 13 岁的学生冬冬从教室里跑出来，顺着 4 楼的楼梯扶手开始往下滑……
>
> 当同学发现冬冬的时候，他已经摔倒在 2 楼楼梯上，并处于休克状态。冬冬被送到医院，经过抢救还是没能醒过来。医生说，冬冬被送到医院时已经没有了心跳和呼吸，鼻腔、口腔、胸腔都有积血，但是身体表面没有明显伤痕，"初步判断是中度颅脑损伤"。

想一想

你认为在学校学习时，应当注意哪些安全问题？

阿勇说法

我国法律规定，学校应当建立安全制度，加强对未成年人的安全教育，采取措施保障未成年人的人身安全。因此，学校会不定期对校舍、体育设施、实验器材、食堂卫生等进行安全检查，健全各类安全应急预案机制，定期组织消防、地震等逃生演练，主要目的就是保障学生有一个安全的学习环境。

当然，维护校园安全不仅仅是学校、老师的责任，也是我们每个同学共同的责任。案例中的冬冬就是没有遵守学校的安全管理规定，缺乏自我保护意识，结果酿成了悲剧。

因此，同学们应当自觉遵守校规校纪，不做危险游戏，事事注意安全，例如：课间不追跑打闹；走楼梯时慢步轻声，不搂抱，不搭肩，一脚不迈两个台阶，不溜楼梯扶手；登高打扫卫生、取放物品时，要请他人加以协助，注意防止摔伤；不带打火机、小鞭炮等危险物品进校园；体育课活动按体育老师的要求去做；实验等特殊课程一定要遵守操作规则；等等。

安全意识和自觉行动是安全的保证和前提。同学们，请自觉遵守学校的安全管理规定，规范自己的日常行为，保障校园的安全秩序。

法律链接

《中华人民共和国未成年人保护法》第三章第三十五条：学校、幼儿园应当建立安全管理制度，对未成年人进行安全教育，完善安保设施、配备安保人员，保障未成年人在校、在园期间的人身和财产安全。

学校、幼儿园不得在危及未成年人人身安全、身心健康的校舍和其他设施、场所中进行教育教学活动。

学校、幼儿园安排未成年人参加文化娱乐、社会实践等集体活动，应当保护未成年人的身心健康，防止发生人身伤害事故。

学以致用

1.反思自己或身边的同学有无违反学校安全制度的行为。若有，请写出有哪些并写出你是如何改正或劝阻的。

2.设计一份关于遵规守纪、维护校园安全的倡议书或宣传小报。

第四课　消费权利受保护

一、强制交易是违法

情境再现

情境一：初三学生小刘准备买条牛仔裤，他来到某服装店试穿了其中一条，感觉挺合身，可一问价格要好几百元，有点舍不得，在和店主谈不拢价格后，决定不买了。但店主对小刘强拉硬拽、语言粗鲁，称试穿就必须买，并阻止小刘离开……

情境二：

想一想

1.情境一、情境二反映的行为有何共同之处？

2.如果你是上述两种情境中的消费者你会怎么办？

阿勇说法

上述两种情境中，店主和导游的行为已经侵犯了消费者小刘和游客的自主选择权和公平交易权，属于强制消费的违法行为，都应承担相应的法律后果。

生活中还存在很多类似的侵犯消费者自主选择权和公平交易权的情况，例如：旅游景区的饭馆强行拉客人进餐；书摊在出售一本畅销书时强迫读者必须加购一本某指定图书。还有一些企业或经营者，利用自身的经济优势要求消费者购买其指定的商品，如燃气公司要求安装热水器的消费者必须购买其提供的热水器，否则不予安装，等等，这些行为都是违法的。

我们每个人都是消费者，都享有国家法律规定的消费者合法权益。我国的消费者权益保护法是一部专门保护消费者合法权益的法律，它明确了消费者享有的各项权利、义务等内容。此外，还有民法典、治安管理处罚法、产品质量法、食品卫生法等不少法律法规都有涉及消费者权益保护的规定。

总之，当我们的合法权益受到侵犯时，切莫一味忍气吞声，应及时拿起法律武器来维护自身的权益。

法律链接

《中华人民共和国消费者权益保护法》第二章第十条：消费者享有公平交易的权利。消费者在购买商品或者接受服务时，有权获得质量保障、价格合理、计量正确等公平交易条件，有权拒绝经营者的强制交易行为。

学以致用

1. 查阅相关法律原文，了解消费者还享有哪些其他的权利？

2. 请绘制一张有关消费者维权途径的攻略漫画或宣传小报。

二、依法维权靠证据

情境再现

　　童童妈妈从小区的副食品店购买了一包（5只装）香肠。没想到，童童早上吃了一根，上午上课时便开始出现腹痛和呕吐的症状，医生诊断为轻微食物中毒。由于童童病情不严重，童童妈妈当时也没有多想，将剩下4根香肠全部扔了。

　　几天后，童童妈妈经过那家副食品店，与老板提及此事，没想到老板矢口否认自己出售的香肠有问题，还说童童出现腹痛、呕吐等症状，肯定是吃了别的食物。为此，双方发生了口角。一气之下，童童妈妈找到有关部门投诉，要求该副食品店赔偿童童就医的200余元医疗费。但童童妈妈当时没有索要任何购物凭证，而且所买的香肠已经全部扔掉，无法从根本上断定童童食物中毒是香肠所致。最终，童童妈妈的诉求没有实现。

想一想

童童妈妈诉求失败的经历给了你哪些启示？

阿勇说法

童童妈妈在维权时，因拿不出购物凭证而维权失败。所以，我们应当注意，在购买物品时应及时向商家索取服务单据或者发票等购物凭证，这是消费者维护自己合法权益的有力保障。

我国法律规定，能证明案件真实情况的一切事实都是证据，但证据必须经查证属实，才能作为判案的根据。证据有以下八种：（1）书证；（2）物证；（3）视听资料；（4）证人证言；（5）当事人的陈述；（6）鉴定结论；（7）勘验笔录；（8）电子数据。

法律规定，民事案件的当事人对自己提出的主张有责任提供证据。没有证据或者证据不足以证明当事人的事实主张的，由负有举证责任的当事人承担不利后果，即"谁主张，谁举证"。

法律链接

《中华人民共和国消费者权益保护法》第六章第四十条：消费者在购买、使用商品时，其合法权益受到损害的，可以向销售者要求赔偿。销售者赔偿后，属于生产者的责任或者属于向销售者提供商品的其他销售者的责任的，销售者有权向生产者或者其他销售者追偿。

消费者或者其他受害人因商品缺陷造成人身、财产损害的，可以向销售者要求赔偿，也可以向生产者要求赔偿。属于生产者责任的，销售者赔偿后，有权向生产者追偿。属于销售者责任的，生产者赔偿后，有权向销售者追偿。

消费者在接受服务时，其合法权益受到损害的，可以向服务者要求赔偿。

《中华人民共和国民事诉讼法》第六章第六十五条：当事人对自己提出的主张应当及时提供证据。人民法院根据当事人的主张和案件审理情况，确定当事人应当提供的证据及其期限。当事人在该期限内提供证据确有困难的，可以向人民法院申请延长期限，人民法院根据当事人的申请适当延长。当事人逾期提供证据的，人民法院应当责令其说明理由；

拒不说明理由或者理由不成立的，人民法院根据不同情形可以不予采纳该证据，或者采纳该证据但予以训诫、罚款。

学以致用

1. 请写出一次在购物后向商家索要票据的经历。

2. 当你向商家索要购物凭证而商家却找借口不给你时，你会怎么处理？

第五课　不良行为早预防

一、不良行为有哪些

情境再现

想一想

说说上述三幅漫画中的不良行为会带来哪些危害。

阿勇说法

如果同学们曾经有以上行为，那一定要注意，如果不能及时改正这些行为，极易滑向犯罪的深渊。除了以上几种行为，还有一些不良行为也是法律明确禁止的。我国预防未成年人犯罪法的规定，不良行为包括一般不良行为和严重不良行为。同学们一定要远离这些行为。

一般不良行为包括：（一）旷课、夜不归宿；（二）携带管制刀具；（三）打架斗殴、辱骂他人；（四）强行向他人索要财物；（五）偷窃、故意毁坏财物；（六）参与赌博或者变相赌博；（七）观看、收听色情、淫秽的音像制品、读物等；（八）进入法律、法规规定未成年人不适宜进入的营业性歌舞厅等场所；（九）其他严重违背社会公德的不良行为。

严重不良行为，是指未成年人实施的有刑法规定、因不满法定刑事责任年龄不予刑事处罚的行为，以及严重危害社会的下列行为：（一）纠集他人结伙滋事，扰乱治安；（二）携带管制刀具，屡教不改；（三）多次拦截殴打他人或者强行索要他人财物；（四）传播淫秽的读物或者音像制品等；（五）进行淫乱或者色情、卖淫活动；（六）多次偷窃；（七）参与赌博，屡教不改；（八）吸食、注射毒品；（九）其他严重危害社会的行为。

法律链接

《中华人民共和国预防未成年人犯罪法》第三章第三十一条：学校对有不良行为的未成年学生，应当加强管理教育，不得歧视；对拒不改正或者情节严重的，学校可以根据情况予以处分或者采取以下管理教育措施：（一）予以训导；（二）要求遵守特定的行为规范；（三）要求参加特定的专题教育；（四）要求参加校内服务活动；（五）要求接受社会工作者或者其他专业人员的心理辅导和行为干预；（六）其他适当的管理教育措施。

《中华人民共和国预防未成年人犯罪法》第三章第四十一条：对有严重不良行为的未成年人，公安机关可以根据具体情况，采取以下矫治教育措施：（一）予以训诫；（二）责令赔礼道歉、赔偿损失；（三）责令具结悔过；（四）责令定期报告活动情况；（五）责令遵守特定的行为规范，不得实施特定行为、接触特定人员或者进入特定场所；（六）责令接受心理辅导、行为矫治；（七）责令参加社会服务活动；（八）责令接受社会观护，由社会组织、有关机构在适当场所对未成年人进行教育、监督和管束；（九）其他适当的矫治教育措施。

学以致用

1. 你或身边的同学存在上述的不良行为吗？如果有，你有何打算？

2. 请你设计两条拒绝不良行为的宣传语。

二、这些地方不能去

 **情境再现**

情境一：广东中山市一酒吧发生火灾，酿成 26 人死亡、11 人受伤的惨剧。更令人惊讶的是，死伤者多为在圣诞节夜晚到酒吧聚会的当地学生，其中包括部分未成年人。

情境二：记者在娱乐场所看见几名只有十四五岁的未成年人，他们早早就预定好了座位。坐下后，几名服务人员手拿各种酒拥了上去，他们当场付给服务员 500 元。在震耳欲聋的音乐声及酒精的作用下，他们很快随着音乐摇摆起来。

情境三：重庆渝中区某中学，有一个名叫严冬（化名）的男生，初二时还是班上的尖子生，曾经参加过奥林匹克数学竞赛。放暑假期间被同学拽进了 KTV，后来发展到一连十几天都不回家。每次回家，只是要钱，父母若不在家，他就干脆拿上家里的存折直奔银行取钱。他的父母平时忙得顾不上管他，在一次家长会上，他们才知道自己的宝贝儿子的成绩从班上原来数一数二下降到倒数几名。

想一想

你怎样看待中学生进酒吧、歌舞厅等娱乐场所的行为？

阿勇说法

出于保护未成年人的目的，法律规定了某些场所禁止接待未成年人，这些场所包括歌舞厅、游戏厅、网吧等。禁止未成年人进入这些场所，主要因为这类场所一般以成年人为服务对象，开设的目的主要是供成年人休闲娱乐，提供的服务内容不适合未成年人参与，可能会使未成年人的身心健康受到不好的影响。这类场所人员复杂，极易发生流氓滋事、打架斗殴等伤人事件，或出现赌博甚至色情活动。同学们还处于身心发育不完全的时期，自控能力不强，过早地置身成人娱乐场所身心势必会受到一定的影响，严重的甚至会因此坠入犯罪的深渊。

因此，为保护未成年人的合法权益，促进未成年人的健康成长，法律规定这些场所的开设地点必须远离学校周边；同时，主管部门和经营者应当采取必要措施禁止未成年人进入这些娱乐场所；同学们也要学会自我保护，自觉遵守法律规定。

法律链接

《中华人民共和国未成年人保护法》第二十六条：禁止在中小学校附近开办营业性歌舞厅、营业性电子游戏场所以及其他未成年人不适宜进入的场所。禁止开办上述场所的具体范围由省、自治区、直辖市人民政府规定。对本法施行前已在中小学校附近开办上述场所的，应当限期迁移或者停业。

《中华人民共和国未成年人保护法》第三十三条：营业性歌舞厅以及其他未成年人不适宜进入的场所、应当设置明显的未成年人禁止进入标志，不得允许未成年人进入。营业性电子游戏场所在国家法定节假日外，不得允许未成年人进入，并应当设置明显的未成年人禁止进入标志。对于难以判明是否已成年的，上述场所的工作人员可以要求其出示身份证件。

学以致用

1.除了上述介绍的这些场所之外，中学生不适宜进入的场所还有哪些?

2.请你设计一张适合我们中学生课余进入的场所的攻略图。

第六课　违法犯罪要远离

一、违法犯罪无鸿沟

情境再现

　　中学生张某曾是个品学兼优的学生，后来，结交了社会上的不良青年，逐渐无心学习，经常旷课，有时还偷拿同学东西、打骂同学……学校对他进行批评教育，但他没有接受教训，依然经常偷窃少量财物，并多次参与赌博，被公安机关拘留。至此，张某仍不思悔改，一天晚上，趁邻居李大娘的儿子出差未归，他爬进李大娘家盗窃财物，并把李大娘打昏在地，拿走了现金1000元。很快，张某被公安机关抓获，后人民法院判处其有期徒刑三年。

想一想

张某经历了怎样的变化？我们应从中吸取什么教训？

阿勇说法

案例中的张某经历了从违纪行为到一般违法行为到走上犯罪道路的过程。张某转变的原因除了交友不慎、受到社会不良影响之外，阿勇老师认为最主要的还是其法律意识淡薄，缺乏是非观念。如果他能及早懂得违法与犯罪的联系以及危害的话，或许会避免走上这样的道路。

通过这个案例，阿勇老师也想普及一下相关法律知识。常常有很多人认为违法就是犯罪，其实违法和犯罪是两个不同的概念，二者既有区别又有联系。

二者的主要区别在于：首先，对社会的危害程度不同。一般违法行为比较轻微，对社会危害性不大，没有触犯刑法；而犯罪具有严重的社会危害性，触犯了刑法，应受刑事处罚。其次，处罚的方法不同。案例中张某曾被公安机关拘留，这是对其经常偷窃少量财物、多次参与赌博等一般违法行为的处罚；而后来被人民法院判处有期徒刑，则是对其盗窃、打昏李大娘等犯罪行为的刑事处罚。

二者的联系在于：首先，都属于违法行为；其次，都具有社会危害性。

总之，违法并不一定犯罪，但犯罪肯定是违法行为。一般违法行为与犯罪之间没有不可逾越的鸿沟。有一般违法行为的人，如果不改正，发展下去就可能导致犯罪。因此，同学们需要注意，对于不良行为一定要引起注意，否则将来很可能会滑向犯罪的深渊。

法律链接

《中华人民共和国刑法》第二章第一节第十三条：一切危害国家主权、领土完整和安全，分裂国家、颠覆人民民主专政的政权和推翻社会主义制度，破坏社会秩序和经济秩序，侵犯国有财产或者劳动群众集体所有的财产，侵犯公民私人所有的财产，侵犯公民的人身权利、民主权利和其他权利，以及其他危害社会的行为，依照法律应当受刑罚处罚的，都是犯罪，但是情节显著轻微危害不大的，不认为是犯罪。

学以致用

1.列举你所知道的违法行为或犯罪行为，并分析其危害。

2.请尝试用图示法说明违法与犯罪之间的关系。

二、法也罚幼要谨记

情境再现

据《东南网》报道：年仅 15 岁的小李等 4 人辍学在家，终日混迹于网吧、游戏厅等场所，认识了一名曾姓男子（22 岁），并称之为"大哥"。"当时他看到我们没钱花，就跟我们说，可以偷车挣钱。"小李说。曾某向他们保证，他们未成年，就算抓了也不会有事。在曾某的保证下，4 名少年和曾某一起盗窃电动车。起初，曾某自己动手，现场"传授"技艺，得手后，还负责销赃、赃款分配。当小李等 4 人熟练掌握盗窃方法后，曾某就负责销赃，每偷到一辆电动车就给小李他们 300 元奖励。

小李他们连续盗窃电动车近 40 辆。后来被派出所民警当场抓获，面对民警的询问，小李 4 人一脸茫然，并问道："我们未成年，你们怎么还抓我们？"

想一想

请你尝试回答小李他们的询问。你认为小李他们将会受到怎样的处罚？

阿勇说法

　　虽然我们是未成年人，但在享有法律规定的权利和保护的同时，也要承担法律规定的义务，如遵纪守法。未成年人应知道哪些是可以做的，哪些是不可以做的。如果我们触犯了法律，法律也会惩罚我们的。

　　在我国，已满十六周岁的公民实施任何法律禁止的违法犯罪行为，或者违反社会治安管理的行为，都要承担相应的责任，受到相应的处罚。而已满十四周岁不满十六周岁的公民，如果实施了故意杀人、故意伤害导致他人重伤或是死亡、强奸、抢劫、贩卖毒品、放火、爆炸、投毒等行为，就要负刑事责任，会被判处刑罚的。对于违反治安管理法的行为，已满十四周岁就会受到治安处罚，不满十四周岁或者情节特别轻微免于处罚的，可以予以训诫。

　　通过上面的学习，我们知道了法也"罚"幼。十四五岁这个年龄段的未成年人，一定要学法、懂法、守法，不要因为一时做错事而悔恨终身。

法律链接

　　《中华人民共和国刑法》第二章第一节第十七条：已满十六周岁的人犯罪，应当负刑事责任。

　　已满十四周岁不满十六周岁的人，犯故意杀人、故意伤害致人重伤或者死亡、强奸、抢劫、贩卖毒品、放火、爆炸、投放危险物质罪的，应当负刑事责任。

　　已满十二周岁不满十四周岁的人，犯故意杀人、故意伤害罪，致人死亡或者以特别残忍手段致人重伤造成严重残疾，情节恶劣，经最高人民检察院核准追诉的，应当负刑事责任。

　　对依照前三款规定追究刑事责任的不满十八周岁的人，应当从轻或者减轻处罚。

　　因不满十六周岁不予刑事处罚的，责令其父母或者其他监护人加以管教；在必要的时候，依法进行专门矫治教育。

　　《中华人民共和国治安管理处罚法》第二章第十二条：已满十四周岁不满十八周岁的人违反治安管理的，从轻或者减轻处罚；不满十四周岁的人违反治安管理的，不予处罚，但是应当责令其监护人严加管教。

学以致用

1. 请尝试给小李他们或身边有类似行为的朋友写一封劝诫信。

2. 写写你学了本课知识后的感悟。

第七课　虚拟世界不沉迷

一、网络游戏危害大

情境再现

　　李建（化名），在同学的怂恿下第一次走进了网吧，并很快痴迷于一款网络暴力游戏。从此，孤僻的李建有了发泄的地方，在那个虚拟的网络世界，一个个妖魔鬼怪成了他的手下败将，他成了战无不胜的"战神"。一天，李建听同村人说张某经常干坏事，就决定"替天行道"，惩治这个"无恶不作"的坏蛋。于是，李建拿起一把菜刀悄悄地放进上衣内，直奔张某处，将其杀死。李建很快被警方抓获。在法庭上，李建痛苦不已，并意识到自己是由于痴迷暴力游戏，才走上这条不归路的。

想一想

李建为什么会走上犯罪道路？从中你得到了哪些启示？

阿勇说法

互联网以其丰富的内容、快捷的方式，极大地拓宽了同学们的求知途径。但是，网络这把"双刃剑"在给我们带来便利的同时，也带来了较多的负面影响。尤其是很多未成年人长期沉迷于网络游戏，身心受到了很大的伤害。

从生理的角度而言，沉迷于网络游戏中的青少年往往长时间面对电脑，精神完全沉浸于虚幻的游戏世界，视力、语言表达能力及神经系统等都会受到危害，严重时，甚至会直接导致死亡。而更可怕的是，心灵会受到腐蚀。不良网络游戏往往充斥着暴力和色情的内容，会导致未成年人攻击性人格增加，甚至会导致暴力、流血事件的发生。

因此，同学们一定要从正确、积极的方面来利用网络，让网络成为学习知识、获取信息、交流思想、开发潜能、休闲娱乐的有益平台，而不要过度沉迷于网络游戏。

法律链接

《中华人民共和国未成年人保护法》第五章第七十条：学校应当合理使用网络开展教学活动。未经学校允许，未成年学生不得将手机等智能终端产品带入课堂，带入学校的应当统一管理。学校发现未成年学生沉迷网络的，应当及时告知其父母或者其他监护人，共同对未成年学生进行教育和引导，帮助其恢复正常的学习生活。

《中华人民共和国未成年人保护法》第五章第七十五条：网络游戏经依法审批后方可运营。

国家建立统一的未成年人网络游戏电子身份认证系统。网络游戏服务提供者应当要求未成年人以真实身份信息注册并登录网络游戏。

网络游戏服务提供者应当按照国家有关规定和标准，对游戏产品进行分类，作出适龄提示，并采取技术措施，不得让未成年人接触不适宜的游戏或者游戏功能。

网络游戏服务提供者不得在每日二十二时至次日八时向未成年人提供网络游戏服务。

学以致用

1. 请做一次关于本班或本校学生玩网络游戏的情况调查。

2. 请你设计一个有关"网络游戏不沉迷"的主题教育活动方案。

二、虚拟世界有规则

情境再现

16岁的初三学生梁某在家上网时觉得无聊，便搜索多家单位的网站玩，结果发现某单位向社会发布信息的网站有漏洞，便利用自己掌握的电脑技术把该单位的主页文件改成了自己的文件。之后该单位报警，梁某被警方抓获。梁某说，他为炫耀自己的计算机操作水平，利用网站漏洞进入其操作系统，先后篡改多家单位的 IP 地址，修改其主页文件；并故意留言告诉他们自己的 QQ 号码。检察机关认为，梁某的行为已涉嫌非法侵入计算机信息系统罪。

想一想

中学生梁某因为炫耀自己的计算机操作水平而走上了违法犯罪的道路，你认为应当从他身上吸取哪些教训。

阿勇说法

同学们，网络虽然是虚拟世界，但是也受现行法律的约束，一旦利用网络实施了违法犯罪行为，就要受到法律的制裁。因此，我们应当了解与网络有关的法律常识，了解何种行为是网络犯罪，从而文明健康上网。

网络犯罪主要有以下几类：

一是通过非法手段，针对网络漏洞对网络进行技术入侵，侵入网络后，主要以偷窥、窃取、更改或者删除计算机信息为目的的犯罪。如：侵犯个人隐私、商业秘密和国家秘密等。

二是通过信息交换和软件的传递过程，制造、传播计算机病毒。

三是以网络为传播媒体在网上传播反动言论或实施诈骗和教唆犯罪。

四是利用现代网络实施色情影视资料、淫秽物品的传播犯罪。

五是利用现代网络这一载体，实施侮辱、诽谤、恐吓与敲诈勒索犯罪。

尽管网络是虚拟的世界，但也不能任意妄为，我们不能因为好奇或是炫耀自己的水平而做出违法犯罪的事情。希望同学们正确使用网络，在尽情享受网络带来便利的同时，严格规范自己的行为，不做法律禁止的事情。此外，同学们在网上也要学会保护自己，不被网络违法犯罪行为侵害。

法律链接

《中华人民共和国刑法》第六章第二百八十五条：非法侵入计算机信息系统罪；非法获取计算机信息系统数据、非法控制计算机信息系统罪；提供侵入、非法控制计算机信息系统程序、工具罪。

违反国家规定，侵入国家事务、国防建设、尖端科学技术领域的计算机信息系统的，处三年以下有期徒刑或者拘役。

违反国家规定，侵入前款规定以外的计算机信息系统或者采用其他技术手段，获取该计算机信息系统中存储、处理或者传输的数据，或者对该计算机信息系统实施非法控制，情节严重的，处三年以下有期徒刑或者拘役，并处或者单处罚金；情节特别严重的，处三年以上七年以下有期徒刑，并处罚金。

提供专门用于侵入、非法控制计算机信息系统的程序、工具，或者明知他人实施侵入、非法控制计算机信息系统的违法犯罪行为而为其提供程序、工具，情节严重的，依照前款的规定处罚。

单位犯前三款罪的，对单位判处罚金，并对其直接负责的主管人员和其他直接责任人员，依照各该款的规定处罚。

学以致用

1. 请收集或撰写身边的有关网络犯罪的案例，并在班里进行分析。

2. 请设计一份防网络诈骗的宣传小资料。

第八课　自我保护防侵害

一、强行索要有对策

情境再现

　　10 岁的小奇是一名小学四年级学生，13 岁的小寒是一所中学的初一学生。去年某天，在上学途中，小寒碰到小奇并威胁他："你从家里拿点钱给我，要不我就找人打你！"小奇不敢声张，开始琢磨从家里偷钱。趁父母不备，小奇从爸爸口袋里拿了 300 元，后又从妈妈口袋里拿了 400 元，全部给了小寒。没想到小寒变本加厉，小奇因害怕只好继续从家里偷钱。一天，小奇发现家里写字台抽屉有道缝隙，就把手伸进去，一次性拿了 2000 元给了小寒。但是没想到 2000 元反而撑大了小寒的胃口。面对小寒的索要，小奇用同样的手段又从家里偷出了 2000 元。这样，小奇 4 次共给了小寒 4700 元。因为家里总是丢钱引起了父母的注意，小奇就向爸爸承认了被强行索要的事实，小奇的爸爸立即向当地公安机关报了案。

　　小寒在接受公安机关的讯问时，称自己之所以连续向小奇索要钱财，是因为另一个十六七岁的少年一直向他强行索要，他也是一个受害者。

想一想

你认为小寒是受害者吗？面对强行索要，我们应该怎样保护自己？

阿勇说法

　　类似上述案例中被强行索要的情况，可能有些同学也遇到过。这些强行索要者往往是利用一些同学胆小怕事的心理，觉得他们不敢反抗，不敢声张，不敢告诉老师、家长。遇到这种情况，我们不能忍气吞声，否则这类人会越来越张狂，将来可能向你要更多的钱物。

　　如果在校内有人向我们强行索要财物，我们应该大声拒绝，看看周围有没有老师和同学，大声呼叫，使他不敢轻举妄动。记住，千万不要胆怯，但也不要直接和对方动手打架。如果对方人多势众，直接动手容易让自己陷入危险，同时违反了学校纪律。

　　在校外被强行拦下索要钱物，要义正词严说我没有钱，同时找机会迅速离开。如果对方人多势众，可以先答应他们的条件，记住索要者的特征，过后及时把这一情况告诉老师、家长并报警。如果他们要打你，你可以警告他们，一旦动手，他们就可能构成抢劫罪，是要坐牢的。

　　同学们要注意平时身上少带钱物，节俭朴素；放学时尽量和同学结伴回家，如果独自回家尽量走大路。

法律链接

　　《中华人民共和国刑法》第五章第二百六十三条：以暴力、胁迫或者其他方法抢劫公私财物的，处三年以上十年以下有期徒刑，并处罚金；有下列情形之一的，处十年以上有期徒刑、无期徒刑或者死刑，并处罚金或者没收财产：（一）入户抢劫的；（二）在公共交通工具上抢劫的；（三）抢劫银行或者其他金融机构的；（四）多次抢劫或者抢劫数额巨大的；（五）抢劫致人重伤、死亡的；（六）冒充军警人员抢劫的；（七）持枪抢劫的；（八）抢劫军用物资或者抢险、救灾、救济物资的。

学以致用

1.如果你遇到了强行索要钱物等校园欺凌行为，你有何对策？

2.请设计一份抵制校园欺凌行为的倡议书或者宣传小报。

二、网络交友要小心

情境再现

三名少女去见网友，却被挟持。在客运中心转车时，其中一名少女急中生智，跪地向车站安检员呼救，车站保安和派出所民警将三名欲行不轨的网友抓获。

三名少女在派出所哭诉道，她们 15 岁左右，在网上聊天时认识了两男一女三位网友。一天晚上，她们和网友见面后准备回家，这两男一女却不让她们走，并称："如果你们找到两个比你们还要漂亮的女孩来交换，我们马上就放你们走。"其中一个男子还掏出匕首威胁道："你们要老老实实的！"在网友的威胁下，三名少女只好跟随他们来到车站。为防止少女们报警，两男一女还搜走了她们身上的两部手机。在车站转车时，少女小李勇敢挣脱魔爪向安检员呼救，三人才得以脱险。客运中心用专车将她们送回了家。三名少女表示，以后她们不会轻易和网友见面了，以免上当受骗。

想一想

中学生随意约见网友可能会面临怎样的危险？

阿勇说法

　　现在很多同学都喜欢结交网友，跟网友聊天、谈心，和网友分享自己的快乐和烦恼。但同学们一定要注意分清网络与现实，上网交友必须把安全意识放在第一位，特别要对以下方面加以注意：

　　1.不要把姓名、住址、电话号码等与自己身份有关的信息资料作为公开信息。

　　2.不要轻易向网友提供自己的照片。

　　3.当网友无偿赠给你钱物时，不要轻易接收；当网友以赠送钱物为由提出约会或登门拜访的要求时，应当高度警惕，最好婉言拒绝。

　　4.一旦发现令你感到不安的信息，应立即告诉父母。

　　5.千万不要在父母不知道的情况下与网友见面。即使父母同意你去，地点也一定要选在公共场合，一定不要去对方家里或是宾馆等隐蔽场所，也不能让对方到你家来。

　　6.不要轻信网上朋友的信息资料，因为一些别有用心者上网前往往会用虚假信息资料巧妙地把自己伪装起来。

　　7.对谈话低俗的网友，不要反驳或回答，以沉默的方式对待。

法律链接

　　《中华人民共和国预防未成年人犯罪法》第一章第十一条：未成年人应当遵守法律法规及社会公共道德规范，树立自尊、自律、自强意识，增强辨别是非和自我保护的能力，自觉抵制各种不良行为以及违法犯罪行为的引诱和侵害。

学以致用

1. 你觉得网上交友还应该注意哪些安全问题？

2. 请你创编一份网络交友自我保护小口诀。

学法活动篇

　　本篇内容选择的主要是仓前实验中学多年来一直坚持开展的各类学法活动，如：编写法制小报（漫画）、撰写法制案例、学法主题班会、法律知识竞赛、校园模拟法庭、法制辩论赛、学法社会实践活动等。

　　希望同学们通过这个篇章的学习，能进一步了解学校的法制教育特色活动，并积极参与到这些活动中，在活动中体验，在体验中感悟，在感悟中提高。

活动一　创编法制小报（漫画）

活动介绍

　　创编法制小报和漫画是仓前实验中学普法教育"八个一"活动的重要内容之一。学校主题活动众多——3月"消费者权益保护"、4月"网络规则教育"、5月"交通安全教育"、6月"禁毒教育"、11月"消防安全教育"、12月"12·4国家宪法日"宣传，等等。根据不同的主题，班级法制宣传委员会组织班级同学进行相关内容的小报编写及漫画创作。每月一评比，先由法制宣传委员进行班级初评、优秀展示，然后上交班级优秀作品给学校法制辅导老师，参与学校评比。学校为获奖者颁发荣誉证书和奖品，一般在期初和期末进行两次全校评比。

　　创编法制小报和漫画的意义：（1）人人都可以直接参与学法活动，不受时间和场地的限制，每个学生可以独立完成。（2）在编写小报和创作漫画的过程中，学生可以自觉地去收集、学习相关的法律资料，从而增长法律知识。（3）优秀小报、漫画可以用作宣传栏展示，向其他同学普及法律知识。（4）可以锻炼自己各方面的能力。

阿勇指导

　　★ **法制小报的创编要求及技巧**

　　（1）材料准备。①一般建议用8K铅画纸；②对美术工具不作具体要求，鼓励各种形式。

　　（2）版面要求。①版面设计新颖美观，富有创意；②必须有报头，并突出主题；③以文字内容为主（可以摘录），可以有适当的插图，但不能喧宾夺主；④文字内容要围绕主题，短小精悍且必须有小标题；

⑤要有一定的自我感悟或体会。

（3）其他要求。①建议个人独立完成；②提倡手工编写。

★ 法制漫画的创作要求及技巧

（1）材料准备。①一般建议用 8K 铅画纸；②对美术工具不作具体要求，鼓励各种形式。

（2）创作要求。①设计新颖美观，富有创意；②必须要有标题，并突出主题；③内容以反映学校和社会生活为主，并提倡正面引导或警示教育；④鼓励原创，禁止抄袭。

（3）其他要求。①建议个人独立完成；②提倡手工创编。

范例展示

作者：806 班　方星雨

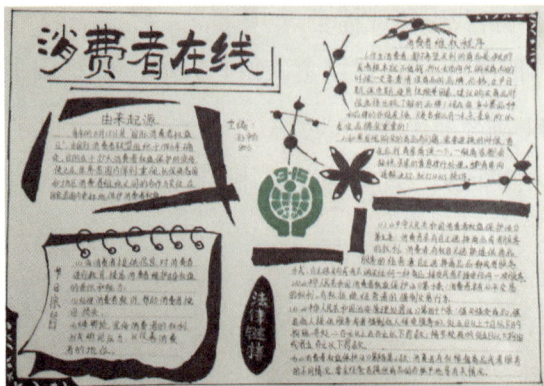

作者：803班　孙畅

作者：903班　杨倩

作者：804班　巴文青

活动二　撰写法制案例（体会）

活动介绍

　　撰写法制案例（体会）是仓前实验中学普法教育"八个一"活动的重要内容之一。根据每个月不同的学法主题，班级法制宣传委员组织班级同学撰写有关法制案例或学法活动的体会文章。每月一评比，先由法制宣传委员进行班级初评、优秀展示，然后上交班级优秀作品，参与学校评比。学校为获奖者颁发荣誉证书和奖品，一般在期初和期末进行两次全校评比。

　　撰写法制案例（体会）的意义：（1）人人都可以直接参与活动，不受时间和场地的限制，每个学生可以独立完成；（2）撰写法制案例或学法体会文章，是对所学法律知识的吸收、内化、升华；（3）优秀案例和体会文章可以用作宣传栏展示，向其他同学普及法律知识；（4）可以锻炼自己写作等各方面的技能。

阿勇指导

　　★ 法制案例的撰写要求及技巧

　　（1）准备。根据每月的学法主题收集发生在周围的真实法制案例素材，比如：酒后（醉酒）驾车、赌博、吸毒、打架斗殴、偷盗抢劫、消费者权益受侵犯、迷恋网络等违法犯罪行为。

　　（2）撰写法制案例。根据收集的素材写成书面稿（电子稿），但要严格按照以下的格式书写：① 题目要新颖，又要浅显易懂，表明主题。② 对真实案例进行完整描述，但要精练。③ 运用相关的法律知识和法律条文，对案例中的行为进行具体的分析。要求充分发挥集体智慧，可以同学之间合作，也可请教思品教师，或者在班会课上组织辨析等。可上网查阅相关法律条文（常用有刑法、治安管理处罚法、道路交通安全法、未成年人保护法、消费者权益保护法、民法典等）。④反思案例当事人走上违法犯罪道路的原因，写出个人感想。

★ **法制体会文章（读后感）要求**

（1）参与活动。参与本月的学法主题活动，阅读相关的法律法规及法律书籍。

（2）撰写体会文章。把参与活动的感悟或者阅读法律书籍的体会撰写成文章。要求：①题目要新颖，突出主题；②内容要有真情实感，严禁网络抄袭；③字数800字左右，电子稿（标题4号宋体加粗，正文小4号宋体，1.5倍行距）。

范例展示

法制案例1：赌资大点大点，亲情少点少点

903 班　　张莉

赌博上瘾的人总是希望赌资能够"大点大点再大点"，因而越陷越深，无法自拔，就像吸毒一样，只要一天不碰就会浑身难受，真是害人害己啊！我们村就有这么一个人。

【案件描述】

他叫王某，有一个儿子，妻子因为他好赌已经与他离婚了。没有了妻子的管束，他就更加为所欲为，变本加厉。他放弃了自己原有的工作，"专心致志"于赌博，全然不顾儿子的学习。王某的父母虽已年过花甲，但是由于儿子没有出息，便无法安享晚年。母亲跟着别人到很远的地方去种花，父亲则帮别人拆房子赚取"生命费"来维持这个所谓的"家"。而王某呢，可笑！他居然又开着用"生命费"换来的电瓶车去棋牌室，

用"种花费"赌着自己的青春。有一次，更可笑！到了秋天，各户人家都收获了许多粮食，王某家也不例外。正在这时，他的赌资已经没了，父母又不愿意再次为他提供。无奈之下，他只能自己想办法。看着金灿灿的稻谷，他不禁打起这稻谷的主意。于是，一个邪恶的念头出现在了他的脑海中：不如趁爸妈不注意时将这些稻谷卖了吧！说做就做，他叫来了收稻谷的人，将家里所有刚收的和以前的谷子全都卖了。不知他可想过，往后这一年全家人该吃些什么，喝西北风？

【案件分析】

在这件事件中，王某不仅是不孝，更是违反了《中华人民共和国治安管理处罚法》第七十条："以营利为目的，为赌博提供条件的，或者参与赌博赌资较大的，处五日以下拘留或者五百元以下罚款；情节严重的，处十日以上十五日以下拘留，并处五百元以上三千元以下罚款。"王某还没有履行父亲的责任——教育子女。他应该努力做好"父亲"与"儿子"的角色，不应该沉迷于赌博。我们再看，其实他的父母和儿子也没有尽好自己应尽的义务。作为王某的亲人，他们应该做的是劝阻他，让他回归正途，而不是屡次为他提供赌资，任由他赌博，使他越陷越深，无法自拔。儿子也不应该只顾学习，应该劝诫父亲，因为来自子女的教育往往会更加有效。再看棋牌室的那些赌徒，他们也和王某一样为了赌博而迷失自我。这样不仅对自己的未来有害，更会毁了自己的家庭。身为一个公民，我们应该熟知法律知识，增强法律意识，严格约束自己的行为，不做违反法律的事。

【案件反思】

过年的时候，如果我们的家长赌博，身为子女的我们就应该劝诫他们，而不是袖手旁观，更不能参与赌博。

我们应积极地向家长宣传我们在学校学习到法律知识，让他们也了解一定的法律知识，增强法制观念，大家共同努力助力法治社会的形成。

我认为：人们可以在工作之余与朋友们玩玩牌来缓解一下自身的压力，但不可以将赌博视为正业，靠赌博为生，这是不对的。我们应平衡工作与赌博的关系。长辈应将树立一个好的榜样为己任，严守自己的行为，为下一代健康成长做好榜样。

因此，我们不要在赌桌上畅谈"大点大点再大点"，从而与家庭成员的感情"少点少点再少点"。这样因小失大，真的不值得。

法制案例 2：一秒钟的代价

905 班　叶泽源

常言道，人有旦夕祸福。其实有时一秒之间，或者说一念之差，不幸的事情就会发生，给人造成莫大的痛苦。

如今，交通事故的发生频率越来越高，其中很多是不遵守交通规则而造成，如：疲劳驾驶、醉酒驾车、强行越车、逆向行驶、闯红灯……尤其是闯红灯导致的交通事故，为贪图一时的快捷而酿成苦果，真是不值得。

【案件回放】

有一对安徽老乡夫妇在余杭卖酒。一天晚上 10 点多，夫妇俩骑电瓶三轮车给客户送完酒回店，途经十字路口时，正好前方东西向交通信号灯绿灯闪过，红灯亮起。叔叔本应该停车候行，但因为是晚上，过路车辆很少，同时可能因为一心急于回店，驾车的叔叔没有停，而是闯红灯继续前行！正当他们行驶到十字路口的中央时，一辆南北行驶的小车突然斜地里向他们直驶而来，因为速度较快，司机刹车已迟，直接撞向了叔叔的电瓶车的后斗，把电瓶车撞得原地一个急转弯，连人带车，被掀翻在地。阿姨头部受伤，当场不省人事，后被医院诊断为轻微脑震荡，叔叔手臂受伤，牙齿被崩掉三颗。

【案件分析】

《中华人民共和国道路交通安全法》第四章第一节第三十八条规定机动车信号灯和非机动车信号灯表示：

（一）绿灯亮时，准许车辆通行，但转弯的车辆不得妨碍被放行的直行车辆、行人通行；

（二）黄灯亮时，已越过停止线的车辆可以继续通行；

（三）红灯亮时，禁止车辆通行。

在未设置非机动车信号灯和人行横道信号灯的路口，非机动车和行人应当按照机动车信号灯的表示通行。

红灯亮时，右转弯的车辆在不妨碍被放行的车辆、行人通行的情况下，可以通行。

很明显，叔叔前述行为违反了《中华人民共和国道路交通安全法》，虽然从表面上看，叔叔和阿姨是事故的受害人，但叔叔也是事故的主要肇事者，因此事后仍按有关交通案例处罚规定罚款 200 元。

【案件反思】

在这个案例中，有人也许会想,这对叔叔阿姨怎么会这么倒霉。不错，日常生活中，闯红灯的行为屡见不鲜，而且造成事故的概率确实低，但任由这些"好运"行为成为习惯，无数侥幸中必然会遇到不幸。在小小的余杭区，也许一年之中因闯红灯导致的交通事故很少，因之造成人员伤亡的更鲜有所闻，但在整个浙江省乃至全国，闯红灯导致交通事故并造成人员伤亡甚至死亡的，却三天两头地出现在各种媒体上。就算一万次闯红灯只有一次小小的交通事故发生，十万次闯红灯才导致一人死亡，但人的生命最宝贵，用一个鲜活的生命交换十万次侥幸，无论如何也不值得！

本案例中，叔叔因贪图早一点回到店里，造成人财两伤，这是一个谁也不希望看到的结果，幸亏生命无大碍，算不幸中的万幸了。现在有很多驾驶员像叔叔一样，为计较那一会儿时间而闯红灯，从第一次尝到侥幸的甜头起，就有以后的第二次、第三次……殊不知自己正不断向不幸靠拢。

实际上，在司机大脑里是否闯红灯只是一秒钟内闪过的念头。可以说，侥幸和代价就在一秒钟之间。为了使这一秒钟主宰大脑的不是侥幸和侥幸后的快感，而是安全和守法意识，我们平常生活中就应该注意安全意识的培养，要认真学习、积极遵守各类交通法律法规，使遵守交通法律法规成为我们的习惯。如此，我们才有安全保障，才能快乐地追求美好生活。

学法体会案例1：法律深深种我心
——参加"关爱明天 普法先行"主题教育活动有感

804班　王兴琪

法律，摸不着，也看不到。它是印在纸上的规章制度吗？它是用来警告世人的言语吗？它是制服罪犯的手铐吗？是，抑或不是，并不为我说了算，我还没有那个能力能够用文字表达出法律的真正含义。但尽管如此，我依然相信，法律就在身边，法律深种我心。

得知这次法律知识竞赛的开展，身为法制委员的我，必然是先到同学中间去宣传。我捧着一叠厚厚的法制资料，将它们发给班上的每一位同学。同学们抓起资料新鲜地看着，几个男生大声读起来。这一下子让我感到，法律离我们并不远，就在手边，就在口边，也在身边。

作为中学生，在学校，我们需要遵守学校的规章制度；在家里，我们需要听从父母的教导；在社会，我们需要遵守更多的规则。我们常常讲要遵纪守法，可见遵纪就是基础。

我们千万不可忽视遵纪的作用，"以小见大"的道理人人都懂。你如果认为"现在违反一下学校纪律没什么大不了，只要我以后不违法就行"，那就请你赶快打消这种念头吧！我们都听过一句话"勿以恶小而为之，勿以善小而不为"，现在小小的放松就可能导致我们将来酿成一次大错，我们又何苦要等到受法律制裁的时候才悔恨呢？所以，我们现在只有从一名合格的中学生做起，将来当我们走出校园，融入社会这个大集体后，才能真正成为一名知法、懂法、守法的好公民。

法律是维护自己权利的武器，又是规范自己行为的社会准则。因为权利在规则中行使，义务在规则中履行，自由在规则中拥有。我们从小受到的法律教育不少，在学校听的法制讲座，在电视上看的新闻，在大人的言语中，多多少少都感受到了法律的存在。但是，真正守法的又有几个？

大事不说，小事便可见。你在校园里，听过同学不堪入耳的辱骂吗？

看见过别人乱丢垃圾吗？这些小事，可否有人注意过？这不是什么违法犯罪的事情，却已经违反了学校的规章制度。如果我们把法一直种在心底，时刻守法，那我们的校园也会更美丽吧。

背了念了写了好几天的资料，终于不用再背再念再写。我脑子里背的是资料，口里念的是资料，手上写的也是资料。但我心里种下的，不仅仅是两张复印纸这么简单，它是一颗种子，一颗名叫"法律"的种子。

慢慢地种在我心田，生根，发芽。

学法体会案例 2：让精神之花绚烂
——反邪教主题教育活动体会

801 班　林圳杭

吃饭哺育的是身体，而读书哺育的是灵魂。精神生活越来越为现代人所推崇，可是像"法轮功"这样的邪教组织成为人们精神的毒瘤，不断吞噬着人们纯真、美好的心灵！

目前，"法轮功"就像一株老树，根是越长越深，茎是越长越长了。他们公开投靠西方反华势力，已经沦为西方反华势力和"台独"所"包养"的政治组织。大家一定还记得骇人听闻的天安门自焚事件！不错，正是这群"恶贼"干的。他们蛊惑人们的心灵，欺骗人们生病不用打针吃药，还告诉人们做一些事就可成仙，可那都是些伤害自己以及他人生命和财产安全的事。就是在这群人的蛊惑下，正值豆蔻年华的小姑娘，从此失去了美丽的容貌、健康的生活！这一个个鲜活的生命，都毁在了"法轮功"手中，难道这还不能敲响我们的"警钟"吗？——一定要彻底铲除邪教势力！

可为什么他们能一而再、再而三地把人们推向深渊，一次又一次地把人们引诱上钩呢？这就是很多人没有法律意识，没有用科学知识滋养头脑的缘故了。作为中学生的我们就更应该用文明战胜愚昧，正确看待生老病死。我们要坚信：要健康就得多锻炼身体，要长寿就得保持身心愉快。所有的一切，都要靠自己勤劳的双手去创造。

记得有一个故事：夏天到了，蜜蜂都辛勤地出来采蜜，而蝴蝶却在花间飞舞。蝴蝶看到蜜蜂在这美好的夏天如此辛勤，不解地问蝴蝶："你们为什么在这么舒适的时候干得这么辛苦呢？""那是为了过冬。"蜜蜂们说。"我在冬天照样有得吃。"蝴蝶心想。到了冬天，大雪纷飞，蜜蜂在巢中吸着花蜜，愉悦地谈论着一天的趣事。突然，蝴蝶倒在了门口，蜜蜂们给它喝了点花蜜才苏醒。"哎，当初我像你们这样就好了！"蝴蝶叹气道。

这个故事生动地告诉了我们，脚踏实地地劳动才是获得幸福生活的正道。

家庭是幸福的港湾，家庭是反邪教的第一道防线。让我们用科学的精神、脚踏实地的态度去对抗邪教，让我们的精神之花开得更加绚烂！

活动三　学法主题班会

活动介绍

做最好的自己

班级法制宣传委员在组织学法主题班会

　　本活动是仓前实验中学普法教育的常规项目，是法制宣传教育的主阵地。学校要求各班级按照每月的学法主题活动，每月至少开展一次学法主题班会课。班会课主要由班级法制宣传委员和班主任组织实施，形式鼓励创新，力求提高普法宣传实效。

阿勇指导

　　★ 学法主题班会要求

　　（1）组织实施：一般由班级法制宣传委员或者班主任、法制辅导老师组织实施。

　　（2）要求：① 主题要明确，立意要鲜明；② 活动形式要多样，鼓励创新，如法制案例辨析会、法律知识竞赛、模拟法庭、法制小品表演等；③ 全体同学参与。每位同学都要参与活动，有明确的活动任务和参加活动后的体会感悟。

范例展示

学法主题班会设计 1：隐私和隐私权

【活动目标】

（1）了解隐私的内涵；理解保护隐私的必要性；明确隐私权的含义及具体内容。

（2）提高自主运用法律知识分析和解决生活中与隐私、隐私权相关的案例及社会问题的技能。

（3）树立隐私意识，学会正确对待并自觉维护隐私、隐私权。

【活动过程】

环节	活动内容	设计意图
视频导入	播放新闻视频。 设问： 1. 看了这则新闻你有什么感受？ 2. 你觉得这所学校的做法妥不妥当？为什么？	提问设疑，激发思维的兴奋点。
知识点击	设问： 什么是隐私？（举例说明） 分析讲解、补充说明。	通过举例说明，了解隐私的内涵。
明辨是非	PPT 显示案例一： 1. 判断下列哪些为隐私。 2. 判断下列观点的正误。	进一步理解隐私的内涵，学会正确认识隐私。

续　表

环节	活动内容	设计意图
实话实说	设问： 1. 你有没有遇到过隐私被侵犯的情况？谈谈你当时的感受？ 2. 你发现的身边侵犯别人隐私的行为有哪些？	通过视频解读和谈切身体会的方式，感悟尊重和保护隐私的重要性，树立隐私意识。
知法懂法	设问： 什么是隐私权？ 分析讲解、补充说明。	师生共析，明确隐私权的含义及具体内容。
学法用法	PPT 显示案例二： 下列哪些属于侵犯隐私权的行为？并简要说明理由。	通过典型的案例分析，进一步理解隐私权的内容，帮助正确认识隐私权。
所思所悟	设问： 1. 谈一谈这一堂课你的收获。 2. 在保护隐私方面你有什么好的建议？ 小结延伸。	拓展提升。

学法主题班会设计 2：享受健康的网络交往

【活动目标】

（1）学会抑恶扬善，增强遵守网络规则的意识，享受健康的网络生活追求；进一步增强法制观念。

（2）面对网络，进一步认识网络的利弊，提高正确使用网络的能力，培养网上自我保护的能力。

（3）了解网络交往的规则，掌握网上自我保护的知识。

【活动过程】

环节	活动内容	设计意图
导入	谈话激趣导入。	谈话导入，迅速进入课堂状态，激发思维的兴奋点。
活动一：网事知多少	现场采访：你平时上不上网？上网一般做些什么事情？	进一步了解网络的神奇作用，感受网络的优势。
活动二：畅游网络	第一站：QQ吧 打开梅平与网友天马的情境案例。 问:梅平要不要与网友天马见面？ 第二站：INTERNET WORLD 打开有关"中国好声音"的信息网页，显示游动"诱惑广告"。 问：要不要点击"诱惑广告"？ 第三站：WEB ROOM 打开"天涯论坛"网页，显示两条热门帖子。 1.打开"南宁十四中校花"帖子。 设问： （1）假如你是小胖，你有何感受？ （2）你还能列举网络中类似的不文明行为吗？	通过情境案例讨论，明白在网络上交往的对象看不见，摸不着，因此必须增强安全防范意识，学会自我保护！ 通过活动演示，明白网络信息良莠不齐，存在很大威胁，因此必须提高辨别觉察能力，提高抗诱惑的能力！ 通过活动，明白网络上存在很多不文明行为，污染了网络环境，因此我们需要遵守网络规则(遵守道德)！

环节	活动内容	设计意图
活动二： 畅游网络	2. 打开"绝情炸弹"帖子，显示情境案例。 设问： （1）小李是抱着什么心态去制造"绝情炸弹"的？ （2）小李的行为将受到怎样的惩罚？ （3）你还能列举其他的网络违法犯罪的事例吗？	通过情境案例分析，明白在网络上也要遵守法律，否则会受到法律的制裁，进一步增强法制观念。
活动三： 上网秘诀 大传授	打开"孙氏网络交往秘籍"（网络交往注意事项）及"内功心法"（全国青少年网络文明公约）。	总结网络交往的注意事项。
尾声	采用串词游戏的形式进行小结。 用下列词语说一句话：网络、道德、诱惑、健康、剑、危害。	小结升华。

活动四　法律知识竞赛

活动介绍

　　法律知识竞赛（PK擂台赛）是仓前实验中学普法教育"八个一"活动的重要内容之一，是每个学期的常规项目。组织形式主要为两种：一种是书面竞赛，全员参与；另一种是PK擂台赛，选拔代表队，进行现场PK。擂台赛又有学生擂台赛和学生家庭擂台赛等多种形式。

　　法律知识竞赛能有效提高学生学习法律的积极性和参与的热情，是深受学生喜爱的一种学法活动形式。

阿勇指导

　　★ 仓前中学生法律知识擂台赛比赛规则

　　（1）年级组预赛后，选出六个班，每班三人组成参赛队伍，代表本班参加擂台赛。

　　（2）擂台赛分为必答题、抢答题、抽签回答、风险题四部分，题型均为问答式。

　　（3）必答题共有36道，每题分值为10分，答题时间为30秒。前18题由各代表队任选一人独立回答，后18题由各代表队按顺序依次独立作答，其他队员不得提示或补充，否则取消该题答题权。完全答对加10分，答错不扣分。

　　（4）抢答题共有18道，每题分值为10分，答题时间为30秒。由取得抢答权的参赛队派出1名队员独立回答，其他队员不得提示或补充。完全答对加10分。出现下列情形之一者，不加分也不扣分：

　　① 答错或意思不完整；② 答题超时或抢而不答；③ 非答题队员独

立完成；④在主持人尚未宣布开始前，按响抢答器，取消该队答题权，余下队伍待宣布开始后，重新抢答。

（5）抽签题共有 18 道，每题分值为 10 分。每队可在每轮任意抽选一题回答，共分三轮进行，答题时间为 30 秒。各参赛队在听清题意后，确定 1 人主答，其余队员可作提示或补充，但以最后答案为准。完全答对加 10 分，答错或语意不完整，不加分也不扣分。

（6）风险题共有 36 道，分别是分值为 20 分的 18 题，分值为 30 分的 18 题。其中 20 分的答题时间为 30 秒，30 分的答题时间为 45 秒。每个代表队均有 3 次机会可任意选择两种分值的题目作答，不得放弃选题机会。各参赛队自选分值并抽取题目后，由 1 名队员主答，其余队员可以提示或补充，但以最后修改答案为准。完全答对加所选题目的相应分值，答错或语意不完整不加分不扣分。

（7）以上任何题型的题目答题结束时，答题人应以"回答完毕"或"答题完毕"确认答案，此后不得再对答案做任何修改或补充。

（8）每队初始基本分为 100 分，比赛开始后根据各队情况相应累加，以最终累计的分数确定比赛名次。

（9）本次竞赛设一等奖 1 名，二等奖 2 名，三等奖 3 名。

★ 班级法律知识竞赛组织

为了调动更多的同学参与活动，法律知识竞赛一般建议以"班级开展为主，学校大规模开展为辅"。

班级组织法律竞赛可以有多种形式，可以按照学校比赛规则组队竞赛，可以是以小组为单位的竞赛，也可以是课余四人小组竞赛、同桌两人比赛，还可以采用书面答题竞赛的形式。力求形式创新，提高参与率。

范例展示

仓前中学学生法律知识竞赛参考题

一、选择题（每题只有一个最佳的正确答案）

1. 未成年人保护法中所称未成年人是指未满（　　）周岁的公民。

A. 12　　　　　　B. 14　　　　　　C. 16　　　　　　D. 18

2. "在医院里，一个刚降临人世的新生儿，被诊断为患有脑病。婴儿的父母听说新生儿患有这种病很容易成为痴呆儿，甚至发生脑瘫痪，便丢下婴儿不管了。"上述这名新生儿父母的行为是法律所禁止的（　　）行为。

　　A. 虐待　　　　　B. 弃婴　　　　　C. 歧视　　　　　D. 溺婴

3. 近年来，有些家长只顾考虑眼前的经济利益，认为读书不如赚钱，要未成年子女弃学从工，出现了一些"小保姆""小商贩""小个体户""小童工"。这是侵犯了未成年人的（　　）。

　　A. 人身权利　　B. 选举权　　　C. 受教育权　　D. 隐私权

4. 有些中小学生因表现突出而被授予"优秀少先队员""三好学生"等荣誉称号。他们的这些荣誉称号受到法律的保护，禁止被非法剥夺。这是保护未成年人的（　　）。

　　A. 名誉权　　　B. 荣誉权　　　C. 人身权　　　D. 选举权

5. 对违法犯罪的未成年人实行教育、感化、挽救的方针，坚持（　　）的原则，尊重违法犯罪未成年人的人格尊严，保护他们的合法权益。

　　A. 教育为主，惩罚为辅　　　　　B. 治病救人

　　C. 惩前毖后　　　　　　　　　　D. 惩罚为主

6. 中华人民共和国教育法的适用范围是（　　）。

　　A. 全国中小学　　　　　　　　　B. 全国的各级各类学校

　　C. 九年义务制学校　　　　　　　D. 大专院校

7. 我国现在实行的是（　　）年义务教育制度。

A. 6　　　　　　B. 9　　　　　　C. 12　　　　　　D. 15

8. "1997年11月4日，四川成都市某县法庭公开审理了因学生流失学校状告家长一案。该县某镇的经济情况并不差，但每到开学总有

学生流失。1997 年秋季开学后，该镇中学又有 6 名学生没有报到，学校先后出动十多人次给这些学生的家长做动员工作，却无效果。学校依照有关法律的规定，将这 6 名学生的家长推上了被告席。经过法庭审理，这些被告家长承认了错误，当场表示立即送孩子回学校学习。" 不让或不支持学生读书是违法的行为，上述材料说明法律规定了学生必须履行（　　）义务。

　　A. 受教育　　　　　B. 劳动　　　　　C. 服兵役　　　　D. 纳税

9. 教育必须为（　　）服务，必须与（　　）相结合，培养德、智、体等全面发展的社会主义事业建设者和接班人。

　　A. 社会发展　现代社会　　B. 社会主义现代化建设　生产劳动

　　C. 社会生产　宏伟目标　　D. 社会主义现代化建设　市场需要

10. 我国实行教育考试制度。在国家的教育考试中作弊的，由（　　）宣布考试无效，对直接负责的主管人员和其他直接责任人员，依法给予行政处分。

　　A. 教育委员会　　B. 当地的考点　　C. 教育行政部门　　D. 教育部

11. "李某和肖某从认识到相恋快 3 年了，已经到了谈婚论嫁的地步。可是肖某（女方）的母亲却反对女儿的婚事，理由是李某家的家庭经济条件不好，怕女儿婚后没有好日子过。肖某动员父亲做母亲的工作，终于得到母亲的理解。李某和肖某有情人终成眷属。"上述材料说明（　　）。

　　A. 儿女的婚事必须征求父母的同意

　　B. 公民依法享有婚姻自由

　　C. 婚姻自由是自己的事情，与父母无关

　　D. 父母干涉子女的婚姻是违法行为

12. 婚姻自由包括（　　）。

　　A. 双方的结婚自由和离婚自由　　　B. 男方的结婚自由和离婚自由

　　C. 女方的结婚自由和离婚自由　　　D. 随时的结婚自由和离婚自由

13. 法定是结婚年龄是（　　）。

　　A. 男方不得早于 20 周岁，女方不得早于 18 周岁

　　B. 男方不得早于 18 周岁，女方不得早于 18 周岁

　　C. 男方不得早于 22 周岁，女方不得早于 20 周岁

　　D. 男方不得早于 20 周岁，女方不得早于 20 周岁

14. 人民法院判决离婚的法定条件是（　　）。

A. 双方自愿　　　　　　　　　　B. 一方愿意

C. 出现第三者　　　　　　　　　　D. 夫妻感情确已破裂

15. 女方在怀孕期间，男方（　　）提出离婚。

A. 可以　　　　B. 不可以　　　　C. 看具体情况　　　　D. 双方自愿

16. 经营者与消费者进行交易，应当遵循自愿、（　　）的原则。

A. 市场经济与计划经济相协调　　　　B. 买卖平等、公平竞争

C. 平等、公平、诚实守信　　　　　　D. 法律的规范

17. 经营者向消费者提供的商品或者服务，应当依照（　　）和其他有关法律、法规的规定履行义务。经营者和消费者有约定的，应当按照约定履行义务，但双方的约定不得违背法律、法规的规定。

A.《中华人民共和国合同法》　　　B.《中华人民共和国劳动法》

C.《中华人民共和国经济法》　　　D.《中华人民共和国产品质量法》

18. "某地为了鼓励当地农民养猪，规定凡到本地卖猪肉者，必须交 10% 的管理费。"以上行为违反了（　　）。

A.《中华人民共和国消费者权益保护法》

B.《中华人民共和国产品质量法》

C.《中华人民共和国商品法》

D.《中华人民共和国劳动法》

19. 下列选项当中属于青少年不良行为表现的有（　　），属于青少年严重不良行为的有（　　）。

①旷课、夜不归宿　　　　　　②携带管制刀具

③参与赌博或者变相赌博　　　④传播淫秽的读物或者音像制品等

⑤多次偷窃　　　　　　　　　⑥隐匿、毁弃或者私自拆开他人信件的行为

⑦吸食、注射毒品　　　　　　⑧纠集他人结伙滋事，扰乱治安

A.①③　②④⑤⑥⑦⑧　　　　B.①②③　④⑤⑥⑦⑧

C.①②③⑥　④⑤⑦⑧　　　　D.①③④　②⑤⑥⑦⑧

20. 已满 14 周岁不满（　　）周岁未成年人犯罪的案件，一律不公开审理。

A. 16　　　　　B. 17　　　　　C. 18　　　　　D. 20

21. 预防未成年人犯罪立足于（　　），从小抓起，对未成年人的不良行为进行预防和矫治。

　　A. 教育感化　　　　B. 严惩严戒　　　　C. 惩罚结合　　　　D. 教育与保护

22. 我国实行（　　）相结合的兵役制度。

　　A. 义务兵与民兵　　志愿兵与预备役

　　B. 义务兵与预备役　　民兵与志愿兵

　　C. 志愿兵与预备役　　义务兵与志愿兵

　　D. 义务兵与志愿兵　　民兵与预备役

23. 全国每年征集服现役的人数、要求和时间，由（　　）和中央军事委员会的命令规定。

　　A. 国务院　　　B. 全国人民代表大会　　　C. 国家主席　　　D. 政协会议

24. 每年（　　）以前年满18周岁的男性公民，应当被征集服现役。当年未被征集的，在22周岁以前仍可以被征集服现役。

　　A. 12月1日　　　　B. 1月1日　　　　C. 8月1日　　　　D. 12月31日

25. 义务兵服现役的期限为（　　）。

　　A. 1年　　　　　　　B. 2年　　　　　　　C. 3年　　　　　　　D. 4年

26. 士兵预备役的年龄，为18周岁至（　　）周岁。

　　A. 30　　　　　　　B. 32　　　　　　　C. 35　　　　　　　D. 40

27. 义务兵从部队发出的平信，（　　）邮递。

　　A. 优惠　　　B. 免费　　　C. 和其他信件一样　　　D. 看情况而定

28. "拒绝、逃避兵役登记和体格检查的；应征公民拒绝、逃避征集的；预备役人员拒绝、逃避参加军事训练和执行军事勤务的。"有服兵役义务的公民有上述行为之一的，由县级人民政府责令限期改正；逾期不改的，由（　　）强制其履行兵役义务，并可以处以罚款。

　　A. 县级人民政府　　B. 县级武装部　　C. 征兵委员会　　D. 县级公安机关

29. 农村和城市郊区的土地，除由法律规定属于国家所有的以外，属于集体所有；宅基地和自留地、自留山，属于（　　）所有。

　　A. 农民　　　　　　B. 集体　　　　　　C. 国家　　　　　　D. 个人

30. 农村村民一户能拥有（　　）宅基地，其宅基地的面积不得超过省、自治区、直辖市规定的标准。

　　A. 三处　　　　　　B. 两处　　　　　　C. 一处

31. 居民在市区买的商品房，该商品房所占用的土地归（　　）所有。

　　A. 国家　　　　　　　　B. 集体　　　　　　　　C. 个人

32. 临时使用土地期限一般不超过（　　）。

　　A. 三年　　　　　　　　B. 二年　　　　　　　　C. 一年

33. 以（　　）方式实现祖国统一，最符合台湾海峡两岸同胞的根本利益。

　　A. 经济　　　　　　　　B. 和平　　　　　　　　C. 战争

34. "台独"分裂势力以任何名义、任何方式造成台湾从中国分裂出去的事实，或者发生将会导致台湾从中国分裂出去的重大事变，或者和平统一的可能性完全丧失，国家得采取（　　）方式及其他必要措施，捍卫国家主权和领土完整。

　　A. 非和平　　　　　　　B. 经济　　　　　　　　C. 政治

35. 机动车驾驶人初次申领机动车驾驶证后的（　　）个月为实习期。

　　A. 6　　　　　　　　　　B. 12　　　　　　　　　C. 18

36. 摩托车后座不得乘坐未满（　　）周岁的未成年人，轻便摩托车不得载人。

　　A. 16　　　　　　　　　B. 14　　　　　　　　　C. 12

37. 驾驶自行车、电动自行车、三轮车在路段上横过机动车道，应当（　　）。

　　A. 下车推行　　　　　　B. 疾驰而过　　　　　　C. 缓慢通行

38. 火警电话是（　　）。

　　A. 120　　　　　　　　　B. 112　　　　　　　　　C. 119

39. 公安消防队扑救火灾费用由（　　）支付。

　　A. 国家　　　　　　　　B. 受灾单位　　　　　　C. 引起火灾的责任人

40. 对保护环境有显著成绩的单位和个人，由（　　）给予奖励。

　　A. 人民政府　　　　　　B. 国家　　　　　　　　C. 集体

41. 预防未成年人犯罪法规定，未满（　　）周岁的未成年人不得脱离监护人单独居住？

　　A. 18　　　　　　B. 16　　　　　　C. 14　　　　　　D. 10

42. 20岁的李四没有工作，整日混迹于歌舞厅等游乐场所。有一天，他不知道从何处弄到一些"白粉"，回家后正要吸食，碰巧他的表弟（中学生，17岁）去家里找他，于是李四便欺骗表弟与他一起吸食毒品。

请问李四的行为是（　　）行为。

  A.合法 B.违反治安管理处罚条例 C.犯罪 D.一般违法

43. 同学张三欠你的钱，拒不归还，你应当（　　）。

  A.找人揍他   B.向法院起诉

  C.抢走他的东西   D.借走他的东西也不还

44. 16周岁以下的未成年人犯罪 承担刑事责任。（　　）。

  A.不负刑事责任   B.负刑事责任

  C.已满14周岁未满16周岁的负刑事责任

  D.已满14周岁未满16周岁的，有几种严重犯罪的负刑事责任

45. 我国刑法规定，完全负刑事责任的年龄是（　　）。

  A.已满18周岁 B.已满16周岁 C.已满14周岁 D.已满12周岁

46. 下列属于政府设立的未成年人保护机构是（　　）。

  A.妇联 B.共青团 C.未成年人保护协会 D.律师协会

47. 学生王五（17周岁）听同学说同班的赵四曾经辱骂自己，于是怀恨在心。一天，他找来几个伙伴在学校附近将赵四打伤，致其重伤。请问下列说法中正确的有（　　）。

  A.王五赔点钱就行了，不构成犯罪

  B.王五构成故意伤害罪，将被判刑，不用承担赔偿责任

  C.王五不仅要承担刑事责任，他的家长还要承担赔偿责任

  D.赵四辱骂他人在先，引来王五殴打，自己也要承担部分责任

48. 禁止未成年人进入网吧是（　　）规定的。

  A.预防未成年人犯罪法

  B.计算机信息网络国际安全保护管理办法

  C.互联网上网服务营业场所管理条例

  D.未成年人保护法

49. 小明今年16岁，3年前父母离婚时双方达成一个协议。协议主要内容是"小明随父亲生活，母亲以后不再负责小明的生活教育等费用……"现在父亲下岗，无经济来源，小明要起诉其母亲，索取教育费。下列说法正确的是（　　）。

  A.小明可以起诉

  B.因为协议约定母亲不再负责小明的生活、教育费用，因此小明不能起诉母亲

C. 即使小明起诉，法院也不会判决，小明的母亲也不会承担小明的抚育费

D. 必须让法院先对此协议进行定性，否则不可以起诉

50. 父母离婚时，孩子（　　）选择跟谁在一起。

A. 年满 10 周岁可以

B. 不可以选择，只能由法院判决

C. 法院判决时应征求孩子的意见

D. 12 周岁以上才可以选

51. 我国是不是联合国《儿童权利公约》的签署国？（　　）

A. 不是　　　　　　　B. 是

52. 女性公民结婚不得早于（　　）。

A. 18 周岁　　　　B. 20 周岁　　　　C. 22 周岁　　　　D. 23 周岁

53. 已满 14 周岁不满 18 周岁的人犯罪，在处罚时（　　）。

A. 应当从轻或减轻　　　　　　　B. 可以从轻或减轻

C. 应当从轻　　　　　　　　　　D. 应当减轻

54. 未成年人有没有选举权？（　　）

A. 没有　　　　　　　B. 有

55. 父母离婚后，法院判决孩子归父亲抚养，母亲是否还是孩子的监护人？（　　）

A. 不是　　　　　　　B. 是

56. 未成年人因不满 14 周岁不给予刑事处罚的，责令他的父母或者监护人严加管教；在必要的时候，也可以由政府（　　）。

A. 劳动教养　　　　B. 拘留　　　　C. 收容教养　　　　D. 罚款

57. 一天，王五因无钱上网，在商场前闲逛，发现一女士穿着时髦，手里拎一个皮包，便趁那位女士不注意，将其皮包抢走，发现皮包内有一部手机和 3000 多元现金。请问，王五的行为构成了刑事犯罪中的（　　）。

A. 强奸罪　　　　　B. 偷盗　　　　C. 网络犯罪　　　　D. 抢劫罪

58. 元旦前夕，某小学门口被十来个卖贺卡的摊贩占据。他们卖的贺卡大多是"恐怖卡"，打开后，里面弹出一张鲜血淋漓的骷髅头，还披着阴森森的黑纱。除此之外，还有一些则显得粗俗不堪。依据未成年人犯罪法的规定，这些摊贩的行为属于（　　）。

A. 自由买卖　　　　B. 违法　　　　C. 犯罪　　　　D. 自愿

59. 对于未成年人犯罪案件，未聘请律师作辩护人的，法院是否有义务为其指定代理人？（　　）

A. 有　　　　　　　B. 没有

60. 各级国家机关反映群体意愿的，可以通过书信形式，需要当面反映的，应当推选代表进行，代表人数不得超过（　　）。

A. 3 名　　　　　B. 4 名　　　　C. 5 名　　　　D. 6 名

61. 信访工作人员是否应当保守信访秘密？（　　）

A. 应当保守　　　　B. 不应当保守

62. 提高公民道德素质，（　　）是基础。

A. 道德　　　　B. 法律　　　　C. 风俗习惯　　　　D. 教育

63. 我国公民的平等权是指公民（　　）。

A. 在立法上一律平等　　　　　B. 在法律上一律平等

C. 在法律面前一律平等　　　　D. 在守法上一律平等

64. 行使国家立法权的国家机关是（　　）。

A. 全国人民代表大会

B. 全国人民代表大会常务委员会

C. 全国人民代表大会和全国人民代表大会常务委员会

D. 全国人民代表大会、全国人民代表大会常务委员会和国务院

65. 全国人民代表大会是否有权修改《中华人民共和国宪法》？（　　）

A. 没有　　　　　　B. 有

66. 每一个选民在一次选举中有（　　）投票权。

A. 只有一个　　　B. 两个　　　C. 三个　　　D. 根据自己的要求

67. 严某 16 岁时出于好奇，写下一份遗嘱放进抽屉，此后便将此事忘得一干二净。严某 19 岁时由于车祸去世，家人在清理其遗物时发现了这份遗嘱，这份遗嘱（　　）。

A. 有效

B. 无效

C. 部分有效，部分无效

D. 其法律效力由人民法院裁定

68. 父母对子女的抚养义务到（　　）为止。

A. 到子女独立生活　　　　　　B. 子女结婚

C. 参加工作　　　　　　　　　　　D. 子女满 20 周岁

69. 子女抚育费的负担数额，应根据子女的实际需要，父母双方的负担能力和当地的实际生活水平确定。有固定收入的，抚育费（　　）给付。

A. 按其月总收入的 10%～20% 的比例

B. 按其月总收入的 20%～30% 的比例

C. 按其月总收入的 10%～30% 的比例

D. 按其月总收入的 15%～30% 的比例

70. 被许可人以欺骗贿赂等不正当手段取得行政许可的，应（　　）处理。

A. 予以撤销　　　　　　B. 允许行政　　　　　　C. 看其表现

71. 摩托车驾驶人员按规定需戴安全头盔，乘坐人员是否需要戴安全头盔？（　　）

A. 不需要　　　　B. 需要

72. 高速公路限速标志标明的最高时速是（　　）公里。

A.80　　　　　　B.100　　　　　　C.120　　　　　　D.180

73. 行人、乘车人、非机动车驾驶人违反道路交通法律法规关于道路通行规定的应当（　　）处以罚款。

A.100 元以下　　　　　　　　　　B.5 元以上 50 元以下

C.50 元以上 100 元以下　　　　　　D.200 元以上

74. 为使人口的增长与经济和社会发展计划相适应，国家推行（　　）政策。

A. 可持续发展　　　B. 计划生育　　　C. 改革开放　　　D. 保护环境

75. 中华人民共和国国歌是（　　）。

A.《青春之歌》　　　　　　　　　　B.《黄河大合唱》

C.《马赛曲》　　　　　　　　　　　D.《义勇军进行曲》

76. 饲养动物造成他人损害的，应当由（　　）承担民事责任。

A. 受伤害的人　　　　　　B. 饲养动物的所有人或管理人

77. 在诉讼过程中，如果原告撤诉，诉讼费由（　　）承担。

A. 原告　　　　　　　　　　B. 被告

78. 村民委员会由主任、副主任和委员共（　　）组成。

A. 五人以上　　　B. 七人以上　　　C. 三到七人　　　D. 五到九人

79. 村民委员会每届任期（　　）年。

A. 二　　　　　　　B. 三　　　　　　　C. 四　　　　　　　D. 五

80. 村民委员会成员是否可以连选连任？（　　）

A. 不可以　　　　　B. 可以

81. 劳动法规定用人单位安排劳动者每月的加班时间不得超过（　　）小时。

A. 12　　　　　　　B. 24　　　　　　　C. 36　　　　　　　D. 48

82. 用人单位无故拖欠劳动者工资，除在规定时间内全额支付劳动者工资外，还应当加发相当于工资报酬一定比例的经济补偿金。请问，该比例应当是（　　）。

A. 10%　　　　　　B. 15%　　　　　　C. 20%　　　　　　D. 25%.

二、判断题

（　　）1. 任何组织和个人不得披露未成年人的隐私。

（　　）2. 老师和家长拆看学生和子女的个人信件是法律所允许的。

（　　）3. 教唆未成年人犯罪可以减轻处罚。

（　　）4. 公民不分民族、种族、性别、职业、财产状况、宗教信仰等，依法享有平等的受教育的机会。

（　　）5. 教育法规定教育机构必须使用全国通用的普通话和规范字。

（　　）6. 国家不允许境外的任何组织和个人捐资助学。

（　　）7. 重度智力低下，即痴呆儿，在医学上认为不应当结婚。

（　　）8. 新婚姻法不承认事实婚姻。

（　　）9. 父母对子女有抚养教育的义务，子女对父母没有必须赡养扶助的义务。

（　　）10. 消费者索要购货凭证或者服务单据，经营者可以不出具。

（　　）11. 消费者组织不得从事商品经营和营利性服务，不得以牟利为目的向社会推荐商品服务。

（　　）12. 经营者可以搜查消费者的身体以及随身携带的物品。

（　　）13. 任何经营场所不得向未成年人出售烟酒。

（　　）14. 未成年人的父母或者其他监护人，可以允许不满16周岁的未成年人脱离监护单独居住。

（　）15.　未成年人的父母或者其他监护人对未成年人的法制教育负有间接责任。

（　）16.　中华人民共和国的武装力量，由中国人民解放军、中国人民武装警察部队组成。

（　）17.　军事院校招收学员的年龄，不受征集服现役年龄的限制。

（　）18.　根据军队需要，可以按照规定征集女性公民服现役；但不吸收女性公民参加。

（　）19.　农民集体所有的土地由本集体经济组织以外的单位或者个人承包经营的，必须经村民会议一半以上成员或者一半以上村民代表的同意，并报乡（镇）人民政府批准。

（　）20.　禁止占用基本农田发展林果业和挖塘养鱼。

（　）21.　村民出卖、出租住房后，再申请宅基地的，给予批准。

（　）22.　国家为了公共利益的需要，可以依法对土地实行征收或者征用。

（　）23.　依法登记的土地的所有权和使用权受法律保护，任何单位和个人不得侵犯。

（　）24.　维护国家主权和领土完整是包括台湾同胞在内的全中国人民的共同义务。

（　）25.　国家和平统一后，台湾不可以实行不同于大陆的制度50年不变。

（　）26.　机动车驾驶人在机动车驾驶证丢失、损毁、超过有效期或者被依法扣留、暂扣期间以及记分达到12分的，不得驾驶机动车。

（　）27.　黄灯亮时，已越过停止线的车辆不可以继续通行。

（　）28．　红灯亮时，右转弯的车辆在不妨碍被放行的车辆、行人通行的情况下，可以通行。

（　）29.　城市公共汽车可以在站点以外的路段停车上下乘客。

（　）30.　驾驶自行车、三轮车必须年满12周岁，驾驶电动自行车和残疾人机动轮椅车必须年满16周岁。

（　）31.　放学时，学生骑自行车在赶时间的情况下，可以攀附机动车行驶。

（　）32.　开车时可以拨打接听手机。

（　）33.　任何单位、个人都有维护消防安全、保护消防设施、预防火灾、报告火警的义务。任何单位、成年公民都有参加有组织的灭火工作的义务。

（　）34. 在设有车间或者仓库的建筑物内，可以设置员工集体宿舍。

（　）35. 任何人发现火灾时，都应当立即报警。任何单位、个人都应当无偿为报警提供便利，不得阻拦报警，严禁谎报火警。

（　）36. 消防车、消防艇前往执行火灾扑救任务或者执行其他灾害、事故的抢险救援任务时，受行驶速度、行驶路线、行驶方向和指挥信号的限制。

（　）37. 公共场所发生火灾时，该公共场所的现场工作人员不履行组织、引导在场群众疏散的义务，造成人身伤亡，尚不构成犯罪的，处十五日以下拘留。

（　）38. 一切单位和个人都有保护环境的义务，并有权对污染和破坏环境的单位和个人进行检举和控告。

（　）39. 张某的父亲经常在家吸烟，未成年的张某也经常模仿吸几口，父亲对其从未加以制止。父亲的做法是错误的，但只是家庭教育问题，并不违法。

（　）40. 不满18周岁未成人犯罪，不适用死刑。

（　）41. 旷课、夜不归宿是青少年的不良行为，是违背学校管理和监护人管理的行为。

（　）42. 营业性电子游戏场所在国家法定节假日外不得允许未成年人进入，并应当设置明显的未成年人禁止进入的标志。

三、简答题

1. 我国目前已经颁布实施了哪两部专门保护未成年人合法权益的法律？

2. 被父母或者其他监护人遗弃、虐待的未成年人，有权利向哪些机构请求保护？（说出三项）

3.《中华人民共和国道路交通安全法》规定的行人通行的基本准则是？

4. 宅基地和自留地、自留山，属于谁所有？

5. 行人在通过铁路路口时应做到什么？

6. 以暴力、胁迫或者其他方法抢劫公私财物的，数额较大的叫什么罪？

7. 教唆他人犯罪，按何种罪责论处？

8. 不满14周岁的未成年人违反治安管理的做何种处罚？

9. 打火警电话时，要注意什么？

10. 假报火警是什么行为？

11. 我国的根本大法是什么？最高权力机关是什么？

12. 如果自己身上的衣服着火了，应该采取怎样的措施？

13. 油锅着火时，正确的灭火方法是什么？

14. 学校对未成年人应当履行的职责是什么？

15. 新婚姻法中重申了哪五项基本原则？

16.《中华人民共和国义务教育法》规定的受教育者的义务有哪些？（答出三项即为得分）

17. 我国法律规定对未成年人犯罪处罚原则是什么？

18. 消费者的合法权益受到侵犯时（如：买到了假冒伪劣商品），可以通过哪些途径维权？（答出三项即为得分）

19.《中华人民共和国刑法》第二章第一节第十七条规定，已满 14 周岁不满 18 周岁的人，犯八大类案件需负刑事责任。哪八类？（答出五项即为得分）

20. 我国《中华人民共和国道路交通安全法》规定的酒后驾车标准、醉酒驾车标准分别是多少？

21. 张三非常淘气，经常利用同学的缺点开玩笑，还给同学起外号并到处散播。请问，张三的行为属于什么性质要承担什么责任？

22.《中华人民共和国消费者权益保护法》规定消费者享有哪些权利？（答出四项即可得分）

23. 对不予以刑事处罚的未成年人犯罪采取何种措施？

24.《中华人民共和国预防未成年人犯罪法》中把哪些行为列为青少年的不良行为？（答出四项即可得分）

25.《中华人民共和国预防未成年人犯罪法》中把哪些行为列为青少年的严重不良行为？（答出四项即可得分）

26.哪些情况下，学生发生伤害事故，学校可以免责？（答出三项即可得分）

仓前中学学生法律知识竞赛参考题答案

一、选择题（每题只有一个最佳的正确答案）

1. D   2. B   3. C   4. B   5. A   6. B   7. B
8. A   9. B   10. C   11. B   12. A   13. C
14. D   15. B   16. C   17. D   18. A   19. C
20. A   21. D   22. D   23. A   24. D   25. B
26. C   27. B   28. A   29. B   30. C   31. A
32. B   33. B   34. A   35. B   36. C   37. A
38. C   39. A   40. A   41. B   42. C   43. B
44. D   45. B   46. C   47. C   48. D   49. A
50. A   51. B   52. B   53. A   54. A   55. B
56. C   57. D   58. B   59. A   60. C   61. A
62. D   63. C   64. C   65. B   66. A   67. B
68. A   69. B   70. A   71. B   72. C   73. B
74. B   75. D   76. B   77. A   78. C   79. D
80. B   81. C   82. D

二、判断题

1. √   2. ×   3. ×   4. √   5. ×   6. ×
7. √   8. √   9. ×   10. ×   11. √   12. ×
13. √   14. ×   15. ×   16. ×   17. √   18. ×
19. ×（注：应是三分之二以上）   20. √   21. ×
22. √（注：应为有偿征收）   23. √   24. √
25. ×   26. √   27. ×（注：应可以继续通行）
28. √   29. ×（注：应不可以）   30. √
31. ×（注：应不可以）   32. ×（注：应不可以）
33. √   34. ×（注：应不可以）   35. √
36. ×（注：应不受信号限制）   37. √   38. √
39. ×   40. √   41. √   42. √

三、简答题

1. 《中华人民共和国预防未成年人犯罪法》《中华人民共和国未成年人保护法》。

2. 公安机关、民政部门、共青团、妇联、未成年人保护组织、学校、居委会、村委会等。

3. 行人应当在人行道内行走，没有人行道的靠路边行走。

4. 集体所有。

5. 一停、二看、三通过。

6. 抢劫罪。

7. 按所犯罪行的共同犯罪论处。

8. 不满十四岁的人违反治安管理的，免予处罚，但是可以予以训诫，并责令其监护人严加管教。

9. 报警时要讲清楚着火地点，说明什么东西着火了，火势怎样；讲清楚报警人姓名、电话号码和住址。

10. 假报火警是扰乱公共秩序、妨碍公共安全的违法行为。

11. 《中华人民共和国宪法》；全国人民代表大会。

12. 不要盲目地乱跑，也不能用手拍打；应该扑倒在地上来回滚动，也可以跳入身旁的水中，也可以用力撕脱衣服。

13. 用锅盖盖灭（不得用水浇）。

14. 管理、教育和保护。

15. 婚姻自由，一夫一妻，男女平等，保护妇女、儿童和老人的合法权益，实行计划生育。

16. （1）遵守法律、法规；（2）遵守学生行为规范，尊敬师长，养成良好的思想品德和行为习惯；（3）努力学习，完成规定的学习任务；（4）遵守所在学校或者其他教育机构的管理制度。

17. 实行教育、感化、挽救的方针，坚持教育为主、惩罚为辅的原则。

18. （1）与经营者协商和解；（2）请求消费者协会调解；（3）向有关行政部门（如：工商局）提出申诉；（4）根据与经营者达成的仲裁协议向仲裁机构申请仲裁；（5）向人民法院提出诉讼。

19. （1）故意杀人、（2）故意伤害致人重伤或者死亡、（3）强奸、（4）抢劫、（5）贩卖毒品、（6）放火、（7）爆炸、（8）投毒，应当负刑事责任。

20. 酒后驾车标准为 ≥ 0.2mg/ml；醉酒驾车的标准为 ≥ 0.8mg/ml。

21. 要承担赔礼道歉的责任、要承担停止侵害的责任、是侵犯他人的人格尊严的行为。

22. （1）安全权（2）自主选择权（3）知悉权（4）公平交易权（5）依法求偿权（6）人格尊严、民族风俗习惯得到尊重的权利等。

23. 已满十四周岁的未成年人犯罪，因不满十六周岁不予刑事处罚的，责令其家人或者其他监护人加以管教；必要时，也可以由政府收容教养。

24. （1）旷课、夜不归宿；（2）携带管制刀具；（3）打架斗殴、辱骂他人；（4）强行向他人索要财物；（5）偷窃、故意毁坏财物；（6）参与赌博或者变相赌博；（7）观看、收听色情、淫秽的音像制品、读物等；（8）进入法律、法规规定未成年人不适宜进入的营业性歌舞厅等场所；（9）其他严重违背社会公德的不良行为。常见的有：早恋的未成年人通过递条子、情书等方式干扰异性正常学习、生活的行为；隐匿、毁弃或者私自拆开他人信件的行为；骗取他人少量财物等侵犯他人公私财物的行为；吸烟、酗酒的行为；在禁火区玩火，在禁放烟花区燃放烟花、爆竹等行为；故意污损名胜古迹，破坏草坪、花卉等行为。

25. （1）纠集他人结伙滋事，扰乱治安；（2）携带管制刀具，屡教不改；（3）多次拦截殴打他人或者强行索要他人财物；（4）传播淫秽的读物或者音像制品等；（5）进行淫秽或者色情、卖淫活动；（6）多次偷窃；（7）参与赌博，屡教不改；（8）吸食、注射毒品；（9）其他严重危害社会的行为。

26. （1）地震、雷击、台风、洪水等不可抗的自然因素造成的；（2）来自学校外部的突发性、偶发性侵害造成的；（3）学生有特异体质、特定疾病或者异常心理状态，学校不知道或者难于知道的；（4）学生自杀、自伤的；（5）在对抗性或者具有风险性的体育竞赛活动中发生意外伤害的。

活动五　学法社会实践活动

🙋 活动介绍

法制宣传志愿者上街进行普法宣传

法制宣传委员和学法积极分子参观余杭
区人民法院

法制宣传委员和学法积极分子参加暑期法制
夏令营活动

在积极开展校内各项活动的同时，学校积极组织学生外出参加社会实践活动。社会实践活动丰富多彩：① 组建法制志愿者队伍参与普法宣传活动，如：学校有一支以法制宣传委员为主的法制宣传志愿者队，经常走街入村，宣传法律知识；组建城管执法志愿者小分队，协助城管执法部门进行执法巡查；与街道团委联合组建一支文明劝导队，参与文明出行和控烟宣传等活动；组建小小交警协管队，配合街道的交警小队进行交通协管、文明出行劝导等活动。② 组织学法积极分子参观普法教育基地，如：闲林杨毕馆、留下部队、杭州钱江新城、台州临海实验小学、余杭区人民法院、温州英勇烈士展览馆、革命老区永康、方岩等。③ 组织法制夏令营活动，从2006年开始，学校每年暑期都组织部分学法骨干和学法积极分子参加为期2～3天的法制夏令营活动。

阿勇指导

学法社会实践活动能进一步提高我们学法、用法的能力，因此同学们要积极地参与进来。当然，学校组织的学法社会实践活动毕竟受时间和人数的限制，不可能让每位同学都直接参与。所以，阿勇老师的建议是可以把家庭和居住的小区（村庄）作为实践地，向身边的人宣传学到的法律知识，争当普法宣传小使者，起到"小手拉大手"的作用。

范例展示

★ 社会实践活动方案（通知）

杭师大附属仓前实验中学关于组织部分学生参加学法社会实践活动的通知

各班主任：

为深入推进学校普法教育，丰富法制教育活动形式，进一步提高学生的法律意识，经学校法制教育领导小组决定，组织部分学生参加学法社会实践活动。现将有关活动要求通知如下：

（1）活动时间：2015 年 3 月 26 日下午，半天。

（2）活动地点：余杭区人民法院（临平）。

（3）活动形式：少年庭旁听庭审、参观学习。

（4）活动对象：七、八年级每班 2 名学生。其中一名为班级法制宣传委员，另一名由班主任按照班级实际情况自定。名单上报截止日期为 3 月 19 日。

请班主任积极发动、组织落实。

杭师大附属仓前实验中学

2015 年 3 月 13 日

杭师大附属仓前实验中学学法社会实践活动报名表（回执）

序号	班级	姓名	性别	备注
1				班级法制宣传委员
2				

班主任签名：＿＿＿＿＿＿

日　　期：＿＿＿＿＿＿

★ 学生学法实践活动照片

学校法制宣传委员及学法积极分子参观
余杭区人民法院少年庭

学校法制宣传委员及学法积极分子在余杭
区人民法院少年庭聆听讲解

12·4全国法制宣传日，学校法制宣传志
愿者上街宣传

12·4全国法制宣传日，学校法制宣传志
愿者进行社区宣传

学校法制宣传志愿者正在进行交通法规
宣传

学校法制宣传志愿者正在进行交通法规
宣传

学生学法践行：人是活给自己看的

2013 年 3 月 2 日，星期六，天气格外晴朗，我还在床上睡懒觉，无意间醒来，看了看闹钟才 7 点 50 分，就继续睡了。可是刚睡着，就被关门声吵醒了，我听见从楼梯处传来重重的脚步声，然后我的房门被打开了。当时我愣了一两秒，闯进我房间的是妈妈。我看见她手里拿着两支手机，一晃眼我觉得这两支手机挺贵的。妈妈还没有等我问就立刻说："快！快点把这两支手机关机！"我呆若木鸡，按照妈妈的话把两支手机关机。但是拿到手机时看到有人打电话过来，妈妈二话不说就让我关机，我就照着做了。接着第二支，是一支黑色的手机，我一看是支苹果手机！对方还发了一条短信："这是我妈的手机，请你还给我。"我一下子明白了这两支手机的来处。我有点生气，对着妈妈吼了一声："妈！你怎么能偷别人的手机呢！你犯法了！"妈妈在一旁着急地说："快点！先把手机关机！这是我捡来的！！！"我半信半疑，但还是把手机关了。

之后妈妈就说："今天我去二院配点药，结果发现外面那边有个东西，后来我走近一看发现是两支手机。我又不懂怎么弄，就回来叫你弄了啊。"我顿时无语。几分钟之后，妈妈又说："算了，这么好的两支手机，不用白不用，反正你不是也被偷了一支手机吗？就当是补给你的。"

一个念头在我心中闪过，这不合法呀！我生气了，对妈妈说："就算是你捡的，但你也不能私吞啊。就是因为我被偷过手机，所以我更知道那种感受。还有，法律告诉我们侵吞别人的东西是违法的呢！妈妈，这种手机就算给我用我也不安心啊！我宁可以后长大了自己赚钱再买支手机。所以，听我的，还给别人。"妈妈一时间没有说话，然后我继续说："妈妈，其实我知道你是善良的，只是气那个偷手机的人为什么没有那么好心。但人是活给自己看的，从小你就教我，是你的东西你光明正大地拿，不是你自己的东西就算别人硬塞给你，你都不能拿。现在，我们就是不应该拿别人的东西，听我一次，人是活给自己看的。"也不知道什么时候，妈妈脸红了，笑着对我说："女儿，你竟然这么知道我的心思，那我也不会背着良心私吞手机。你既然知道妈妈善良的，以后就不要再这么不小心把自己的手机带到学校去，还被人偷了。好了，现在我们来想一想要怎么解决。"我想了想，于是先把两支手机开机。结果那支苹果手机设了密码，我根本进不去。然后我拿起另一支手机，拍了拍脑门儿，暗笑道：幸亏这支手机没有加密。我赶紧翻看通话记录，因为刚才有电话打来，我觉得肯定是失主打的。于是我打了过去，过了几分钟，手机通了，我说道："喂，您好，请问您是不是……。"还没等我说完，对方就挂了电话。我有点疑惑，然后妈妈让我先起床洗脸刷牙。我刚刚把衣服穿好，就有电话打来了。我立刻接起了电话，对方说："对不起啊，你捡到的是我女儿的手机，你可不可以还给我们？"我笑着说道："阿姨，既然我会给您打电话，那我就一定会还给您女儿的。"对方显然十分激动，一个劲儿地说谢谢，之后便挂了电话。我以最快的速度洗漱完毕，之后又有一个电话打过来，这次和上次的电话号码不一样，妈妈还是叫我接了。"喂，请问您是？"对方说道："我就是丢手机的那个人，谢谢你啊，小姑娘，要不是你我真不知道该怎么办了。"我笑着回答道："姐姐，你不用说什么谢谢，因为我的手机被人偷过，所以能体会你现在的感受，我一定会还给你的。其实这手机是我妈捡到的，她不会弄这种手机，所以就直接回家来找我解决。不过我真的要说一句，幸亏这次你是碰到我妈捡到你手机了，你下次可不要这么粗心大意把手机乱放了。"对方显然也有点不好意思，说道："谢谢你的提醒，我下次一定不会这么粗心大意了。那什么时候把手机给我呢，因为我有急事。"我说："你在东门头等我们吧，我们半个小时之后到。"对方答应了，挂了电话。

我和妈妈终于放心了，但是……那还有一支手机呢？难道不是同一个人？过了十分钟，我妈在半路上了，对方又打电话过来，问道："小妹妹，请问你妈妈是不是捡到两支手机？"我回道："姐姐，你丢了两支手机吗？""哦，还有一支不是我的，是我同学的，是一支黑色的苹果手机对吧？"我立刻回答说："是的，是的，你们到东门头了吗？我们估计20分钟后到。""我们是开车的，很快就到了。"对方说。"好，那你们等我们一下。"我挂掉电话，看了看时间，8点25了。

过了20分钟，我们终于到了余杭镇东门头，但不知道对方长什么样。我拿起手机，发现一支手机没信号了，根本打不出电话。我想了想，对妈妈说："妈妈，这支手机没信号了，把你那支手机给我，我打一下电话，问她们在哪里。"妈妈显然有点不情愿，我只好说："那我们再等一会儿吧。"时间一分一秒过去，太阳越来越大，半小时过去了，妈妈有点懊恼，想回去了。我说："算了，打个电话给她吧，手机总要还给她的。"

我拿出老妈的手机打了过去，对方说早就到了。于是，我告诉他们我们的所在地，又挂了电话。不知不觉，时间又过去了20分钟，我和妈妈傻傻地在那里等，太阳好像故意和我们作对，越来越烈。妈妈这次彻底生气了，说："到底要不要手机了！等了这么长时间还没来！我们回去吧！"我立刻劝阻道："妈妈，现在那个丢手机的一定比我们都急，既然是你做的事你就要自己去承担。如果今天我在上学呢？你要怎么解决？我们把手机还给别人，这样也都安心了。"

没过多久，一个阿姨骑着电瓶车过来，她说："你就是捡到我女儿手机的那个人吧？我女儿总是这么粗心。"我们都笑了。阿姨说要谢谢我们，我和妈妈一个劲儿地说不用，因为这是我们应该做的。

我想说，人是活给自己看的，好人和坏人只有一字之差。至于社会嘛，要是大家都这么好心，都知道学法、守法，那世界就不用警察了。

活动六　校园模拟法庭

活动介绍

校园模拟法庭场景

校园模拟法庭场景

　　校园模拟法庭活动是仓前实验中学近几年新开展的学法主题活动。在多次参观余杭区人民法院的庭审活动后，同学们对庭审活动有了一定的了解。为了让更多同学感受法庭的威严、法律的尊严，进一步增长法律知识，学校尝试开展校园模拟法庭活动，并取得了较大的实效。2014年5月9日，仓前实验中学面向全区开展了"校园模拟法庭"展示活动，区公安局、区人民检察院、区人民法院、区司法局、区教育局等领导及全区中小学德育副校长莅临观摩。余杭区司法局随后把仓前实验中学的"校园模拟法庭"活动作为样本在全区推广。

　　如今，校园模拟法庭活动已成了仓前实验中学法制教育的常规性活动。

阿勇指导

　　校园模拟法庭，就是由学生扮演法官、陪审员、律师、公诉人、被告、原告等角色，仿照正式的庭审程序进行模拟庭审的活动，力求做到真实威严，不同于表演小品。开展本项活动必须有明确的人员分工和详细的剧本，并做好服装道具等的充分准备。如果是班级组织的话，一定要注意模拟的真实性和严肃性，但内容方面可以进行删减。详细流程可参见下面的剧本。

范例展示

招聘公告：校园"模拟法庭"招聘公告

　　为深入开展学校法制教育活动，进一步弘扬法制精神，宣传法律知识，树立法律权威，提高学生守法、护法、用法的能力，4月29日，仓前实验中学将举行校园"模拟法庭"活动。在此，面向全校招募模拟法庭演员，具体要求如下。

1. 招聘范围

全体学生

2. 招聘角色和要求

　　审判长：1人；陪审员：2人；书记员：1人；辩护律师：2人；公诉人：2人；法警：6人（限男性，身高165厘米以上）；当事人：4人（被告3人，男性；原告1人，男性）；证人：4人，共22人。

　　其他要求：①普通话标准，口齿清楚，善于表达自己的情感。②具有一定的法律基础，责任心强，对模拟法庭有较大兴趣。③法制宣传委员可优先考虑。

3. 报名方法

　　有意者，请于今天（4月11日）中午到本班法制宣传委员处报名，并选好报名类别。由法制宣传委员进行初选，并报班主任同意签字后，上交孙春勇老师办公室。

4.活动特色

本次活动程序完全按照法庭的审判程序进行，并由区人民法院、律师事务所等进行指导排练；演员服装、道具等也由区人民法院、律师事务所等提供。

杭师大附属仓前实验中学

2014 年 4 月 11 日

角色	备注	报名栏
审判长	1 人	
陪审员	2 人	
书记员	1 人	
辩护律师	2 人	
公诉人	2 人	
法警	6 人（男性）	
被告	3 人（男性）	
原告	1 人（男性）	
证人	4 人	

班级_____班主任签字_____

模拟剧本：杭师大附属仓前实验中学校园模拟法庭剧本 [①]

角色安排

审 判 长：高天翔

代理审判员：林　群

人民陪审员：许　瑛

书 记 员：郑文婷

公 诉 人 1：王　芳（宣读起诉书，发表公诉意见，法庭教育）

公 诉 人 2：吴　进（负责讯问、举证）

被 害 人：吴　飞

第一被告人：陆　伟

指定辩护人：黄志强

法定代理人：陆　广

第二被告人：刘志明

指定辩护人：张春雅

法定代理人：刘润发

第三被告人：李　天

辩 护 人：朱　倩

法定代理人：李　涛

法　　　警：张　龙、赵　虎、王　朝、马　汉、展　昭、公孙策

剧情简介

2014 年 1 月 15 日，三名被告人预谋抢夺被害人手机，商定由第三被告人指认其同学被害人吴飞，由第一、第二被告人具体实施。1 月 16 日下午 4 时许，第一、第二被告人到被害人所在学校门口，第三被告人委托他人向第一、第二被告人指认被害人。后第一、第二被告人尾随被害人至学校附近一个偏僻的田地，向其索要手机。被害人不肯，第二被告便采用膝盖顶肚子、拳头打手部和背部、砖头威胁等暴力方式，劫

---

① 本剧本由阿勇老师与余杭区司法局、余杭区人民法院及浙江杰嘉律师事务所等联合编写。

走被害人人民币 10 元及苹果手机 1 部，赃物价值人民币 4300 元。后第一、第二被告人将手机销赃得款人民币 1800 元，分给第三被告人人民币 200 元，余款由第一、第二被告人均分。案发后，第一、第二被告人被抓获归案，第三被告人主动投案，三名被告人亲属另退出赃款人民币 4310 元。

法庭准备阶段

（书记员入席站立，站在自己的书记员位置）

书记员（仪态端庄、声音洪亮）：杭余市仓中区人民法院少年案件审判庭即将开庭，现在宣布法庭纪律。在法庭审理过程中，诉讼参与人、旁听人员应当遵守以下纪律：

（1）服从法庭指挥，遵守法庭礼仪；

（2）不得鼓掌、喧哗、哄闹、随意走动；

（3）不得对庭审活动进行录音、录像、摄影，或者通过发送邮件、博客、微博等方式传播庭审情况，但经人民法院许可的新闻记者除外；

（4）旁听人员不得发言、提问；

（5）不得实施其他扰乱法庭秩序的行为。

诉讼参与人或者旁听人员扰乱法庭秩序的，按照下列情形分别处理：

（1）情节较轻的，警告制止并进行训诫；

（2）不听制止的，由法警强行带出法庭；

（3）情节严重的，对行为人处一千元以下的罚款或者十五日以下的拘留；

（4）未经许可录音、录像、摄影，或者通过发送邮件、博客、微博等方式传播庭审情况的，可以暂扣储存介质或者相关设备；

（5）聚众哄闹、冲击法庭或者侮辱、诽谤、威胁、殴打司法工作人员或者诉讼参与人，严重扰乱法庭秩序，构成犯罪的，依法追究刑事责任。

书记员：请公诉人、辩护人、法定代理人入席。

（等以上人员入席后）

书记员：全体人员起立，请合议庭成员入席。

（合议庭成员入席落座后）

书记员：全体请坐。

书记员（面向审判长，声音洪亮）：报告审判长，诉讼参与人已全部到庭，开庭准备工作已经就绪，可以开庭。

（书记员回到自己位置落座）

审判长（右手敲响法槌，声音洪亮，目视前方）：现在开庭。

审判长：传被告人陆伟、刘志明、李天到庭。

（法警将被告人陆伟、刘志明、李天带入法庭）

审判长：现在核对被告人身份情况。

审判长：第一被告人，你叫什么名字？性别？出生日期？民族？职业？文化程度？住址（户籍地，现住）？（注：此处为一问一答）

被告1：陆伟，男，1998年5月7日出生，汉族，无业，小学文化程度，住杭余市仓中区小街镇塘一村6组20号。

审判长：因本案，什么时间被刑事拘留？什么时间被逮捕？（注：一问一答）

被告1：2014年1月18日被刑事拘留，2月20日被逮捕。

审判长：你以前有没有受过行政、刑事等处罚？

被告1：没有。

审判长：第二被告人，你叫什么名字？性别？出生日期？民族？职业？文化程度？住址（户籍地，现住）？（注：此处为一问一答）

被告2：刘志明，男，1998年12月20日出生，汉族，无业，小学文化程度，无业，住杭余市仓中区小街镇塘一村6组29号。

审判长：因本案，什么时间被刑事拘留？什么时间被逮捕？（注：一问一答）

被告2：2014年1月18日被刑事拘留，2月20日被逮捕。

审判长：你以前有没有受过行政、刑事等处罚？

被告2：没有。

审判长：第三被告人，你叫什么名字？性别？出生日期？民族？职业？文化程度？住址（户籍地，现住）？（注：此处为一问一答）

被告3：李天，男，1997年6月16日出生，汉族，初中文化程度，学生，住杭余市仓中区小街镇莲花村1组12号。

审判长：因本案，什么时候被取保候审？

被告 3：2014 年 1 月 17 日被取保候审。

审判长：你以前有没有受过行政、刑事等处罚？

被告 3：没有。

审判长：各被告人，杭余市仓中区人民检察院的起诉书副本有无收到？什么时间收到的？（一问一答）

被告 1：收到。2014 年 3 月 25 日收到的。

被告 2：收到。2014 年 3 月 25 日收到的。

被告 3：收到。2014 年 3 月 25 日收到的。

审判长：各被告人的辩护人是否收到起诉书副本？什么时间收到的？

指定辩护人：收到。2014 年 3 月 26 日收到的。

审判长：各被告人的法定代理人是否收到起诉书副本？什么时间收到的？（注：一问一答）

法定代理人：收到。2014 年 3 月 26 日收到的。

审判长：杭余市仓中区人民法院少年案件审判庭，今天在这里审理由杭余市仓中区人民检察院提起公诉的被告人陆伟、刘志明、李天抢劫一案。根据《中华人民共和国刑事诉讼法》的有关规定，因被告陆伟、刘志明、李天开庭时均未满 18 周岁，本案不公开审理。

审判长：现在宣布合议庭组成人员。本合议庭由审判员高天翔、代理审判员林群、人民陪审员许瑛组成，由高天翔担任审判长，书记员郑文婷担任记录。杭余市仓中区人民检察院指派检察员王芳、代理检察员吴进出庭支持公诉。经本院通知，杭余市仓中区法律援助中心指派浙江杰嘉律师事务所律师黄志强（下称辩 1）为被告人陆伟的辩护人，指派浙江杰嘉律师事务所张春雅（下称辩 2）律师为被告人刘志明的辩护人，浙江杰嘉律师事务所律师朱倩（下称辩 3）受委托为被告人李天的辩护人。经本院通知，被告人陆伟的父亲陆广（法代 1）、被告人刘志明的父亲刘润发（法代 2）、被告人李天的父亲李涛（法代 3）分别作为法定代理人到庭参加诉讼。（注：括号里面的不用读）

审判长：根据刑诉法的有关规定，被告人、辩护人、法定代理人有权对合议庭组成人员、书记员、公诉人申请回避。也就是说，如果你们认为上列人员与本案有利害关系，可能影响对案件的公正审理，可以提出理由，申请调换。各被告人是否申请回避？（注：一问一答）

被告 1：不需要。

被告 2：不需要。

被告 3：不需要。

审判长：各辩护人是否申请回避？（注：一问一答）

辩 1：不需要。

辩 2：不需要。

辩 3：不需要。

审判长：各法定代理人是否申请回避？（注：一问一答）

法代 1：不申请。

法代 2：不申请。

法代 3：不申请。

审判长：根据刑诉法的有关规定，被告人及其法定代理人在法庭上享有以下权利：

第一，举证权，即可以提出证据，申请通知新的证人到庭，调取新的物证，申请重新鉴定或勘验，申请通知有专门知识的人出庭，就鉴定人做出的鉴定意见提出意见，申请排除以非法方式收集的证据。

第二，辩护权，即除辩护人为你辩护外，你们可以自行辩护。

第三，陈述权，即在法庭辩论终结后有权作最后陈述。

审判长：各被告人及法定代理人，对于刚才宣告的权利有无听清楚？

三位被告人：听清楚了。

三位法定代理人：听清楚了。

审判长：下面开始法庭调查，首先由公诉人宣读起诉书。

（王芳站起宣读）公诉人：审判长，起诉书宣读完毕。

审判长：各被告人，刚才公诉人宣读的起诉书的内容有无听清楚？

三位被告人：听清楚了。

审判长：各被告人，之前收到的起诉书副本内容与公诉人刚刚宣读的起诉书的内容是否一致？

三位被告人：一致。

审判长：将被告人刘志明、李天押下法庭候审。

（法警将刘志明、李天带出法庭）

审判长：被告人陆伟，你对起诉书的指控有无异议？

被告 1：没有异议。

审判长：对公诉机关指控你犯抢劫罪，你是否认罪？

被告 1：我认罪。

审判长：下面公诉人可以就起诉书指控的事实对被告人进行讯问。

公诉人 2：被告人陆伟，公诉人现在当庭对你进行讯问。根据相关法律规定，你可以作有罪供述也可以作无罪辩解，但希望你如实回答，你是否听清楚？

被告 1：听清楚了。

公诉人 2：是谁提议去抢劫的？

被告 1：是我提议的。

公诉人 2：说一下你提议去抢劫的经过？

被告 1：李天欠我和刘志明钱，我们让他还，他说还不出。我就叫他把手机卖掉换钱还给我们，他不肯。那我就和他说，你有没有什么同学有钱，我们去把他的手机抢过来卖钱好了。李天就说班里有个同学用的是苹果手机，然后我们就决定去抢他同学的苹果手机。

公诉人 2：审判长，公诉人讯问暂时到此。

审判长：被告人陆伟的辩护人有无发问？

辩 1：有，请法庭准许。

审判长：准许。

辩 1：被告人陆伟，我现在对你进行发问，希望你如实回答，清楚吗？

被告 1：清楚。

辩 1：你家中有几人？

被告 1：爸爸、爷爷和奶奶。

辩 1：为什么会想到去抢手机？

被告 1：因为手上没钱了，日子过不下去了。

辩 1：你家里人没有给你钱吗？

被告 1：爸爸基本上不给我零用钱，爷爷奶奶条件不好，也很少给我钱。

辩 1：审判长，我的发问暂时到此。

审判长：其他辩护人有无发问？

辩 2：不需要发问。

辩 3：不需要发问。

审判长：被告人陆伟的法定代理人有无发问？

法代 1：没有。

审判长：其他法定代理人有无发问？

法代 2：没有。

法代 3：没有。

审判长：被告人陆伟，现在本庭问你问题，希望你实事求是回答，有无听清楚？

被告 1：清楚。

代理审判员：你母亲在哪？

被告 1：我很小的时候妈妈就过世了。

代理审判员：你现在和谁一起生活？

被告 1：我和爷爷奶奶一起生活，爸爸常年在外打工，不怎么回来。

代理审判员：小学毕业之后为何没有继续读书？

被告 1：家里没钱供我上学了，而且我读书也不好，继续上学也没用，所以就不上学了。

代理审判员：你不读书之后做什么？

被告 1：一开始帮爷爷奶奶干活，后来想找个工作，但是都嫌我年纪小不要我。我平时就帮爷爷奶奶做点事，然后去网吧上上网。

人民陪审员：你有没有想过是什么原因导致你走上现在的道路？

被告 1：我想过了，主要是因为自己不懂法。

人民陪审员：在看守所里有无学习过法律？

被告 1：学习了，现在懂法了，知道自己错了。

人民陪审员：以后有什么打算？

被告 1：我想好好找个工作，孝敬爷爷奶奶，不让他们为我操心。

审判长：将被告人陆伟押下法庭候审，传被告人刘志明到庭。

（法警将陆伟带下法庭，将刘志明带上法庭）

审判长：被告人刘志明，你对起诉书的指控有无异议？

被告 2：没有异议。

审判长：对公诉机关指控你犯抢劫罪，你是否认罪？

被告 2：我认罪的。

审判长：下面公诉人可以就起诉书指控的事实对被告人进行讯问。

公诉人2：被告人刘志明，公诉人现在当庭对你进行讯问。根据相关法律规定，你可以作有罪供述也可以作无罪辩解，但希望你能够如实回答问题，你是否听清楚？

被告2：听清楚了。

公诉人2：你和陆伟、李天是怎么认识的？

被告2：我和陆伟从小就认识，李天是在网吧认识的。

公诉人2：你小学毕业之后为何没有继续读书？

被告2：因为我爸妈离婚了，没人管我，学校里面的同学都看不起我，而且我成绩不好，也就不想读书了，我爸妈也没反对，那我就没读初中了。

公诉人2：你平时都做些什么？

被告2：平时就在网吧上网，偶尔和朋友出去玩。

公诉人2：你父母平时给你零花钱吗？

被告2：给的，加起来一个月有个五六百元，也够用了。

公诉人2：你既然并不缺钱，那为何要去抢劫？

被告2：我看陆伟提议去抢手机，我也就没反对，和他一起去了。

公诉人2：审判长，公诉人讯问暂时到此。

审判长：被告人刘志明的辩护人有无发问？

辩2：有，请法庭准许。

审判长：准许。

辩2：被告人刘志明，我现在对你进行发问，希望你如实回答，清楚吗？

被告2：清楚。

辩2：你向法庭陈述一下你的家庭情况。

被告2：我爸爸妈妈离婚后各自又结婚，然后都有了小孩，我也不知道这样算不算家庭成员。

辩2：你是和谁一起生活的？

被告2：我判给妈妈，但是她基本上不管我，继父对我很凶，我只有晚上回家睡，白天不待在家里的。

辩2：你抢手机的时候有没有意识到自己是在犯罪？

被告2：没有。我那个时候不知道自己的行为是抢劫，根本就没有这个概念。

辩2：审判长，我的发问暂时到此。

审判长：其他辩护人有无发问？

辩1：不需要发问。

辩2：不需要发问。

审判长：被告人刘志明的法定代理人有无发问？

法代2：没有。

审判长：其他法定代理人有无发问？

法代1：没有。

法代3：没有。

审判长：被告人刘志明，现在本庭问你问题，希望你实事求是回答，有无听清？

被告2：清楚。

代理审判员：你平时都和哪些人在一起玩？

被告2：就是陆伟，我们从小就在一起的。还有几个网吧的人，平常一起打游戏的人。

代理审判员：你有没有想过自己为什么会参与这个事情？

被告2：我觉得主要是自己对抢劫没什么概念，陆伟一说我就答应了，觉得朋友叫我去，肯定不会害我，那我就去了。

代理审判员：现在对自己的行为有什么认识？

被告2：我知道错了。在看守所里我们都学了法律，管教也教了我很多道理，我现在知道什么是对的，什么是错的了。

代理审判员：下一步有什么打算？

被告2：如果判实刑，我就在里面好好表现，早日回归社会；如果可以出去，我肯定不去网吧打游戏了，我要好好找个工作，不再无所事事。

审判长：将被告人刘志明押下法庭候审，传被告人李天到庭。

（将刘志明带下法庭，将李天带上法庭）

审判长：被告人李天，你对起诉书的指控有无异议？

被告3：没有异议。

审判长：对公诉机关指控你犯抢劫罪，你是否认罪？

被告3：我认罪。

审判长：下面公诉人可以就起诉书指控的事实对被告人进行讯问。

公诉人2：被告人陆伟，公诉人现在当庭对你进行讯问。根据相关法律规定，你可以作有罪供述也可以作无罪辩解，但希望你能够如实回答问题，你是否听清楚？

被告 3：听清楚了。

公诉人 2：你平时零用钱是多少？

被告 3：每个星期 100 元。

公诉人 2：你有没有向陆伟和刘志明借过钱？借了多少？为什么要借钱？

被告 3：向陆伟借了 50 元，向刘志明借了 80 元，这个钱借过来是用来上网和游戏充卡的。

公诉人 2：你父母是否知道你在网吧上网玩游戏并向别人借钱的事情？

被告 3：他们不知道。他们每天都很晚回家，不知道我在做什么。

公诉人 2：审判长，公诉人讯问暂时到此。

审判长：被告人李天的辩护人有无发问？

辩 3：有，请法庭准许。

审判长：准许。

辩 3：被告人李天，我现在问你几个问题，希望你如实回答，清楚吗？

被告 3：清楚。

辩 3：去抢手机的时候你去了吗？

被告 3：我没有去。

辩 3：为什么没去？

被告 3：一方面是怕被认出来，另一方面觉得抢手机这个事情是不好的，所以我就没去。

辩 3：你有没有参与卖手机这个事情？

被告 3：没有参与，他们卖掉之后来找我，给了我 200 块。

辩 3：你知道他们卖手机卖了多少钱吗？

被告 3：这个我不知道的，他们没有和我说。

辩 3：你是如何到案的？

被告 3：案发第二天我去学校的时候，同学们在说吴飞的手机被抢了，他还被打了；还说他家里已经报警了，被抓住的话要坐牢。我听了很害怕，就和班主任说了，是班主任带我去派出所自首的。

辩 3：审判长，我的发问暂时到此。

审判长：其他辩护人有无发问？

辩 1：不需要发问。

辩 2：不需要发问。

审判长：被告人李天的法定代理人有无发问？

法代 3：没有。

审判长：被告人李天，现在本庭问你问题，希望你实事求是回答，你有无听清？

被告 3：清楚。

人民陪审员：你家里有几个人？

被告 3：有爸爸妈妈和爷爷奶奶。

人民陪审员：你父母是什么工作？

被告 3：我爸爸是出租车司机，妈妈在厂里上班。

人民陪审员：为什么要问陆伟和刘志明借钱？

被告 3：零用钱用完了，没钱上网和充游戏点卡就问他们借了。

代理审判员：你在学校读书，成绩如何？

被告 3：我的成绩在班级里面前十名。

代理审判员：你有没有想过自己为什么会参与此事？

被告 3：我觉得是因为我没有听从老师的教导，不应该经常去网吧，沉溺网游，还结识了不好的朋友，没有判断是非，最后做出这样的错事。

代理审判员：你现在有什么想法？

被告 3：我一定会听老师和爸妈的话，好好学习，再也不去网吧了，以后考一所好的大学，报答老师和爸妈。

审判长：传被告人陆伟、刘志明到庭。

（法警将陆伟、刘志明带上法庭）

审判长：按照法律规定，对被告人适用简易程序的案件，庭审可以简化。鉴于你们均已自愿认罪，法庭根据指控所提供的证据可以直接对你们作出有罪判决。法律还规定对自愿认罪的被告人予以酌情从轻处罚。各被告人有没有听清楚？

三位被告人：听清楚了。

审判长：各被告人，你们是否同意对本案适用简易程序进行审理？

三位被告人：同意。

审判长：各辩护人是否同意对本案适用简易程序进行审理？

三位辩护人：同意。

审判长：各法定代理人是否同意对本案适用简易程序进行审理？

三位法定代理人：同意。

审判长：由于控辩双方对适用简易程序审理本案无异议，决定对本案适用简易程序进行审理。

下面由公诉人举证，在举证时向法庭简要说明证据的来源、特征及拟证明的事实。

公诉人 2：现在向法庭出示被告人陆伟、刘志明、李天的户籍证明，在侦查卷第 1 至 3 页，证明了三被告人的自然人身份情况，以及在案发及庭审时均未满 18 周岁。其中，被告人陆伟、刘志明在案发时已满 14 周岁，未满 16 周岁；被告人李天在案发时已满 16 周岁，未满 18 周岁的事实，因与起诉书指控一致，不再详细宣读。举证暂时到此。

审判长：各被告对上述证据有没有意见？

三位被告人：没有。

审判长：各辩护人对上述证据有无异议？

三位辩护人：没有。

审判长：各法定代理人对上述证据有无异议？

三位法定代理人：没有。

审判长：公诉人继续举证。

公诉人 2：现在向法庭宣读出示两份证人证言。

第一份是证人葛鹏的证言，在侦查卷第 58 至 60 页，摘要宣读如下：2014 年 1 月 15 日下午放学回家的时候，我看到李天和两个陌生的校外人员走在一起。我走在他们后面，就听到他们在说明天要去抢吴飞的手机，李天让那两个校外人员放学的时候在学校门口等他，到时候他们跟着吴飞，在没人的地方动手。我听到这个事情之后就去和吴飞说，吴飞不相信我，觉得不可能有这样的事情，让我不要乱说。我觉得既然吴飞都没有当一回事，那我也当没听到好了。该证据证明三个被告预谋抢劫被害人手机的事实。

第二份是证人许凯的证言，在侦查卷第 61 至 62 页，摘要宣读如下：2014 年 1 月 16 日下午放学的时候，我的同学李天和我说他有两个朋友想认识一下吴飞，他还有点事情要去找班主任，现在走不开，问我能不能去学校门口给他们指一指,我就说好的。然后我走到学校门口找到李天的朋友,给他们指了吴飞,我就回家了。该证据证明被告人陆伟、刘志明锁定被害人的事实。举证暂时到此。

审判长:各被告对该两份证人证言有没有意见?

三位被告人:没有。

审判长:各辩护人对上述证据有无异议?

三位辩护人:没有。

审判长:各法定代理人对上述证据有无异议?

三位法定代理人:没有。

审判长:公诉人继续举证。

公诉人2:下面向法庭出示被害人吴飞的陈述,在侦查卷的第53至57页,其陈述了受害的经过。摘要宣读如下:2014年1月15日放学的时候,徐凯和我说听到李天打算第二天抢我的手机,我以为他是开玩笑的就没在意。1月16日放学的时候,我走到学校后面准备去坐公交车,从后面走上来两个陌生人,拉着我要我把手机交给他们。我不肯,他们一开始用膝盖顶我的肚子,用拳头打我的手和背,后来还拿起砖头想我,我害怕被砖头打就把手机给了他们。他们还拿走了我身上的10块钱,这个钱我是准备坐公交车回家的。后来我到家告诉了爸妈,爸妈就报警了。该证据证明被害人被抢劫的经过。举证暂时到此。

审判长:各被告对被害人陈述有没有意见?

三位被告人:没有。

审判长:各辩护人对上述证据有无异议?

三位辩护人:没有。

审判长:各法定代理人对上述证据有无异议?

三位法定代理人:没有。

审判长:公诉人继续举证。

公诉人2:现在向法庭出示被告人陆伟在公安和检察机关所作的供述三份,分别在侦查卷第4至11页,以及检察卷第4至6页,其如实地供述了于2014年1月16日下午使用暴力手段抢劫被害人吴飞手机及现金的事实。摘要宣读如下:那天下午放学的时候,我和刘志明等在李天学校的门口,李天没有出来,只叫他的同学给我们指了一个人,说那个人就是吴飞。我和刘志明就跟在吴飞的后面,走到学校后门那边比较偏僻的地方的时候，就走上去问他要手机。他不肯给，我就拍了几下他的背，他还是不肯给，刘志明就用膝盖顶了他的肚子几下，我还打了几下他的手。见他还是不肯给手机，我从路边捡了一块砖头，假装要打他，他看到砖头可能害怕了，就从书包里面把手机拿出来给了刘志明。我问他身上有没有钱，他说只有 10 块钱，是准备坐公交车回家的，我就把10 块钱拿了过来。然后我们就走了。后来我和刘志明将手机卖了 1800 元，给了李天 200 元，其余的我和刘志明各自分一半，我的钱已经花光了。举证暂时到此。

审判长：各被告对上述证据是否有异议？

三位被告人：没有。

审判长：各辩护人对上述证据有无异议？

三位辩护人：没有。

审判长：各法定代理人对上述证据有无异议？

三位法定代理人：没有。

审判长：公诉人继续举证。

公诉人 2：现在向法庭出示被告人刘志明在公安和检察机关所做的供述三份，分别在侦查卷第 12 至 22 页，以及检察卷第 7 至 10 页，其如实地供述了于 2014 年 1 月 16 日下午使用暴力手段抢劫被害人吴飞手机及现金的事实。摘要宣读如下：那天下午放学的时候，我和陆伟等在李天学校的门口等他，李天没有出来，只叫他的同学给我们指了一个人，说那个人就是吴飞。我和陆伟就跟在吴飞的后面，走到学校后门那边没有人的地方的时候，就走上去问他要手机。他不肯给，陆伟就打了几下他的背，我看他还是不肯给就用膝盖顶了几下他的肚子，陆伟这个时候还打了几下他的手。他还是不肯给手机，陆伟就从路边捡了一块砖头，假装要打他，他看到砖头可能害怕了，就从书包里面把手机拿出来给了我。陆伟就问他身上有没有钱，他说只有 10 块钱，陆伟就拿了过来。然后我们就走了。我和陆伟把手机卖了 1800 元，我和陆伟各拿 800 元，给了李天 200 元。举证暂时到此。

审判长：各被告对上述证据是否有异议？

三位被告人：没有。

审判长：各辩护人对上述证据有无异议？

三位辩护人：没有。

审判长：各法定代理人对上述证据有无异议？

三位法定代理人：没有。

审判长：公诉人继续举证。

公诉人 2：现在向法庭出示被告人李天在公安和检察机关所做的供述三份，分别在侦查卷第 22 至 34 页，以及检察卷第 11 至 14 页，其如实地供述了于 2014 年 1 月 15 日下午与陆伟、刘志明合谋于第二天下午抢劫被害人手机的事实。摘要宣读如下：陆伟和刘志明让我还钱，我还不出来，陆伟就说让我把手机卖了还钱给他们，我怕爸妈知道这个事情就没同意。陆伟就问我有没有同学有手机，把他手机拿过来去卖掉好了。我就想起我同学吴飞有个苹果手机，就和陆伟说了，然后我们就商量第二天下午一起去抢吴飞的手机。第二天下午放学的时候我有点怕就没去，让我同学许凯去校门口帮他们指了吴飞。我看到他们跟着吴飞走了，也就回家了。后来我吃了晚饭，陆伟和刘志明来找我，说手机已经卖掉了，给了我 200 块钱。举证暂时到此。

审判长：各被告对上述证据是否有异议？

三位被告人：没有。

审判长：各辩护人对上述证据有无异议？

三位辩护人：没有。

审判长：各法定代理人对上述证据有无异议？

三位法定代理人：没有。

审判长：公诉人继续举证。

公诉人 2：现在向法庭出示价格鉴定书，在侦查卷第 35 至 40 页，证实经求正价格事务所鉴定，涉案的苹果手机价值人民币 4300 元。举证暂时到此。

审判长：各被告对上述证据是否有异议？

三位被告人：没有。

审判长：各辩护人对上述证据有无异议？

三位辩护人：没有。

审判长：各法定代理人对上述证据有无异议？

三位法定代理人：没有。

审判长：公诉人继续举证。

公诉人 2：现在向法庭出示现场勘验笔录、现场图、照片，在侦查卷第 40 至 52 页，证实案发现场的相关情况。举证暂时到此。

审判长：请法警将现场勘验笔录、现场图、照片分别向被告人、辩护人及法定代理人出示。

（法警将书证向各被告人、辩护人、法定代理人出示翻看，后交给审判长）

审判长：各被告人，对上述书证有没有意见？

被告 1：没有意见，就是我们抢被害人手机的地方。

被告 2：没有意见，我们就是在这里抢被害人手机的。

被告 3：抢劫的时候我没去，我不清楚。

审判长：各辩护人对上述证据有无异议？

三位辩护人：没有。

审判长：各法定代理人对上述证据有无异议？

三位法定代理人：没有。

审判长：公诉人继续举证。

公诉人 2：现在向法庭出示扣押笔录、扣押决定书、扣押清单，在侦查卷第 52 至 57 页，证实被告人陆伟的家属已经代为退赃人民币 1500 元，被告人刘志明的家属已经代为退赃人民币 1500 元，被告人李天的家属已经代为退赃人民币 1310 元，上述钱款均扣押于杭余市公安局仓中区分局的事实。举证暂时到此。

审判长：各被告对上述证据是否有异议？

三位被告人：没有。

审判长：各辩护人对上述证据有无异议？

三位辩护人：没有。

审判长：各法定代理人对上述证据有无异议？

三位法定代理人：没有。

审判长：公诉人继续举证。

公诉人 2：现在向法庭出示被告人陆伟、刘志明、李天的到案经过，分别在侦查卷第 64 至 68 页。证实被告人陆伟、刘志明于 2014 年 1 月 18 日下午在小街镇三豪网吧被小街派出所抓获的事实，李天于 2014 年 1 月 17 日下午由其班主任陪同于小街派出所自首的事实。举证暂时到此。

审判长：各被告对上述证据是否有异议？

三位被告人：没有。

审判长：各辩护人对上述证据有无异议？

三位辩护人：没有。

审判长：各法定代理人对上述证据有无异议？

三位法定代理人：没有。

审判长：公诉人继续举证。

公诉人2：审判长，公诉人就全案证据出示完毕，以上证据足以证实起诉书所指控的事实和情节，请法庭充分考虑并依法采纳。

审判长：各被告人有无证据提交法庭？

三位被告人：没有。

审判长：各辩护人有无证据提交法庭？

辩1：向法庭提交一份书证，由辩护人依法向塘一村调取：小街镇塘一村出具的证明，证实被告人陆伟母亲早逝，随祖父母生活，家庭贫困，在村里一贯表现良好，恳请司法机关从轻处理。举证完毕。

审判长：请法警将证明分别向公诉人、被告人、法定代理人、其他辩护人出示。

审判长：公诉人对这份证明有无异议？

公诉人：对证据的真实性无异议，但与本案无关。

审判长：各被告人有无异议？

三位被告人：没有异议。

审判长：其他辩护人有无异议？

辩2、辩3：没有异议。

审判长：各法定代理人有无异议？

三位法定代理人：没有异议。

审判长：其他辩护人有无证据提交法庭？

辩2：没有。

辩3：向法庭提交两份书证：仓中八中的证明，证实被告人李天于2013年9月以优异的成绩考入仓中八中，现就读于高三（3）班，该生在校一贯表现良好，恳请司法机关从轻处理。举证完毕。

审判长：请法警将证明分别向公诉人、被告人、法定代理人、其他辩护人出示。

审判长：公诉人对该证明有无异议？

公诉人：对证据的真实性无异议，但与本案无关。

审判长：各被告人有无异议？

三位被告人：没有异议。

审判长：其他辩护人有无异议？

辩1、辩2：没有异议。

审判长：各法定代理人有无异议？

三位法定代理人：没有异议。

审判长：各被告人在羁押期间有无检举揭发他人犯罪的情况？

三位被告人：没有。

审判长：公诉人是否还有有关被告人罪轻、罪重情节的证据以及证人之间有多份证言且证言之间有相互矛盾的证据未向法庭提供？

公诉人2：没有。

审判长：法庭调查结束，下面进行法庭辩论。在法庭辩论时，请控辩双方围绕本案的定罪以及量刑发表意见。首先由公诉人发表公诉意见。

公诉人1：审判长、审判员、人民陪审员，根据《中华人民共和国刑事诉讼法》之规定，我们受本院检察长指派，对被告人陆伟、刘志明、李天犯抢劫罪一案出庭支持公诉，依法履行庭审监督职责。结合今天庭审情况，公诉人就本案事实证据及法律适用发表如下公诉意见，供合议庭在定罪量刑时参考。

在刚才的法庭调查中，各被告人对自己的犯罪事实均供认不讳，且有较好的悔罪表现。公诉人对被告进行讯问，在举证质证中出示了户籍证明、证人证言、被害人陈述、被告人的供述和辩解、价格鉴定书、扣押笔录、扣押决定书、扣押清单、搜查、勘查笔录等证据，上述证据均已经过法庭质证，可以作为定案依据。

公诉人认为，本案被告人陆伟、刘志明、李天暴力夺取被害人手机及现金，价值总金额为人民币4310元，事实清楚，证据确实充分，根据《刑法》第二百六十三条之规定，应以抢劫罪追究三被告的刑事责任，在三年以上十年以下进行量刑。鉴于三被告人犯罪时均不满十八周岁，依照法律规定，应当从轻或者减轻处罚。另从三被告人的供述及刚才庭审查明的情况看，三被告人主观恶性不深，认罪态度较好，且家属已经代为退赃，减轻被害人损失，可以酌情从轻处罚。被告人李天存在自首情节，可以从轻或者减轻处罚。建议法庭对被告人陆伟、刘志明在三年以上五年以下处以有期徒刑主刑,并处罚金,对被告人李天在一年以上三年以下处以有期徒刑,并处罚金。

综上,希望法庭根据三被告人的犯罪事实与情节、社会危害性结合归案后的认罪态度依法做出罪罚相当的判决。

公诉意见暂时发表到此。

审判长:下面各被告人可以自行辩护。被告人陆伟,你有什么要为自己辩解的?

被告1:没有,我认罪。

审判长:被告人刘志明自行辩护。

被告2:我已经认识到自己的错误了,希望法庭可以给我一个机会,让我重新做人,能回家好好生活,孝敬父母。

审判长:被告人李天自行辩护。

被告3:尊敬的审判长、审判员、人民陪审员,我当时只是想弄点钱把欠他们的钱还掉,没意识到问题的严重性。现在我已经认识到自己的错误,我现在还在学校读书,我很珍惜我的学业,我很想继续在学校好好学习,回到家好好孝敬父母。请求审判长给我一个重新来过的机会,让我改正错误,重新做人。

审判长:下面由辩护人发表辩护意见。首先由被告人陆伟的辩护人发表辩护意见。

辩1:尊敬的审判长、审判员、人民陪审员,受仓中区司法局法律援助中心的指派,由我担任涉嫌抢劫罪一案被告人陆伟的辩护人。现本辩护人根据案件事实及相关法律规定,特提出以下辩护意见,望法庭综合考虑、参考。

辩护人对公诉人指控被告人陆伟犯抢劫罪的定性没有异议。被告人陆伟以非法占有为目的、采用暴力手段抢取他人财物,理应受到法律的惩罚。但被告人陆伟的此次犯罪行为具有法定、酌定的从轻处罚的情形,希望法庭在对被告人陆伟量刑时给予充分的考虑。

第一,陆伟犯案时系未成年人,应当减轻处罚。根据陆伟的户籍信息显示,其生于1998年5月7日,案发时未满18周岁,根据《中华人民共和国刑事诉讼法》第十七条第三款的规定:"已满14周岁不满18周岁的人犯罪,应当从轻或者减轻处罚。"

第二，陆伟本次犯罪系初犯偶犯，此前从未有违法犯罪行为。由于其年幼，母亲早逝，父亲又长期不在家，未能受到良好的家庭和社会教育，长期缺乏家庭与社会的关爱，因而产生了不劳而获思想，最终犯下此次罪行，其已经认识到自己的错误。

第三，陆伟认罪态度较好，悔罪深刻，且自愿认罪。自归案后，其始终如一供述了自己的全部犯罪事实及其知晓的同案犯的全部犯罪事实，辩护人在多次会见中，陆伟均表示对自己的犯罪行为很后悔，对受害人表示道歉。结合今天陆伟在庭审过程中的表现，其认罪态度是良好的，悔罪表现是深刻的。

上述辩护意见，希望法庭在对被告人陆伟量刑时给予充分的考虑，尤其希望法庭可以本着对未成年人"教育为主，刑罚为辅"的原则，在量刑时对被告人陆伟适用缓刑。

辩护人：浙江杰嘉律师事务所　黄志强律师

2014 年 5 月 19 日

审判长：下面由被告人刘志明的辩护人发表辩护意见。

辩 2：尊敬的审判长、审判员、人民陪审员，接受仓中区法律援助中心的指派，由我担任被告人刘志明的辩护人。开庭前，我查阅了案卷，会见了被告人，结合今天庭审中查明的案件事实，辩护人发表辩护意见如下，敬请合议庭评议时参考采纳：

首先，辩护人对本案定性没有异议。

其次，被告人刘志明具有以下法定、酌定的从轻或者减轻处罚情节。

一是，刘志明犯罪时系未成年人，应当减轻处罚。刘志明生于 1998 年 12 月 20 日，案发时未满 18 周岁，根据《中华人民共和国刑事诉讼法》第十七条第三款的规定："已满 14 周岁不满 18 周岁的人犯罪，应当从轻或者减轻处罚。"对此，辩护人恳请合议庭在对刘志明量刑时，考虑此情节，对其减轻处罚。

二是，刘志明自愿认罪、悔罪深刻。结合今天的庭审，我们可以发现其认罪态度是良好的，悔罪表现是深刻的。案发后，刘志明积极退赃，且对自己一时糊涂而对受害人做出的暴行表示悔恨不已。因此，辩护人恳请合议庭在对其量刑时考虑此情节，对其酌情从轻处罚。

三是，刘志明无前科，平时表现较好，本次犯罪系初犯偶犯。因年少无知、缺乏基本的区分是非黑白的能力，加上其父母离异，从小缺乏家庭的温暖，最终误入歧途，触犯法律。辩护人认为，刘志明的本性并不坏，只要给他改过自新的机会，认罪改造，他还是能回到正途。故恳请合议庭在对其量刑时考虑此情节，对此酌情从轻处罚。

综上，本案事实清楚，证据确实充分，刘志明系未成年人犯罪，自愿认罪，是可以挽救的，辩护人恳请合议庭本着对未成年人"教育为主，刑罚为辅"的原则，充分考虑辩护人的上述辩护意见，给予被告人刘志明罪行相当的处罚，恳请法庭能对其适用缓刑，给其一个改过自新、重新做人的机会，让他通过自己的劳动回馈社会。

辩护人：浙江杰嘉律师事务所　张春雅律师

2014 年 5 月 19 日

审判长：下面由被告人李天的辩护人发表辩护意见。

辩 3：尊敬的审判长、审判员、人民陪审员，浙江杰嘉律师事务所接受被告人李天父亲李涛的委托，指派我担任涉嫌抢劫罪一案被告人李天的辩护人。接受委托后，我多次前往看守所会见李天，了解案情，并多次与办案民警、检察官沟通。开庭前，我查阅了案卷，还进行了社会调查，并参加今天的庭审，结合案件事实及相关法律法规，辩护人发表如下辩护意见：

第一，公诉机关指控被告人李天犯抢劫罪，对此辩护人不表异议。

第二，被告人李天犯罪时系未成年人，根据刑法的相关规定，未成年人犯罪的，应当从轻或减轻处罚。

第三，被告人李天案发后自动投案，且如实供述自己的罪行，具有自首情节，依法可以从轻或者减轻处罚。案发后，李天在侦查机关还未掌握其犯罪线索的情况下，由班主任陪同，主动到公安机关交代其犯罪事实，符合自首的条件，根据《中华人民共和国刑事诉讼法》第六十七条的规定："犯罪以后自动投案，如实供述自己的罪行的，是自首。对于自首的犯罪分子，可以从轻或者减轻处罚。"

第四，被告人李天在本次共同犯罪中是从犯，依法应当从轻、减轻处罚或者免除处罚。李天并未实际参与暴力劫取被害人财物的犯罪行为，仅仅在共同犯罪中为同案犯提供了被害人的信息，起次要作用，依法可认定李天系从犯。根据《中华人民共和国刑事诉讼法》第二十七条第二款的规定："对于从犯，应当从轻、减轻处罚或者免除处罚。"对此，辩护人恳请合议庭能充分考虑其犯罪地位，能对其减轻处罚。

第五，被告人李天此次犯罪系初犯偶犯，现为在校学生，表现一直较好，且自愿认罪，有深刻的悔罪表现。结合今天当庭自愿认罪及其庭审过程中的表现，其认罪态度是良好的，悔罪表现是深刻的，同时被告人李天的监护人积极赔偿受害人的损失，向受害人表示歉意，取得了受害人的谅解，受害人出具了谅解书。辩护人恳请合议庭在对其量刑时考虑此情节，对其酌情从轻处罚。

综上，辩护人恳请法庭对被告人李天量刑时综合考虑上述情况，尤其是被告人李天现为学生，本次犯罪主观恶性小，社会危害性不大。希望法庭本着对未成年人"教育为主，刑罚为辅"的原则，为了李天继续完成学业，辩护人恳请法庭在量刑时对李天适用缓刑。

辩护人：浙江杰嘉律师事务所 朱倩律师

2014 年 5 月 19 日

审判长：接下来由法定代理人发表辩护意见。首先由被告人陆伟的法定代理人发表辩护意见。

法代 1：尊敬的审判长、审判员、人民陪审员、公诉人，我感到很痛心，我儿子做错了事，给社会带来了危害，也给你们添了麻烦，实在是对不起，是我没有教育好孩子，希望你们能给他一次重新做人的机会。

审判长：下面由刘志明的法定代表人发表辩护意见。

法代 2：希望法庭能给我儿子重新做人的机会，能给他判缓刑。

审判长：下面由李天的法定代表人发表辩护意见。

法代 3：尊敬的法官大人，我和李天的母亲都很忙，疏于管教才会让他误入歧途，希望法庭能给他一个重新做人的机会，让他回归社会好好做人，我们一定会好好管教他，让他将来能回报社会。

审判长：下面由公诉人进行答辩。

公诉人 1：三被告人通过暴力手段劫取他人财物，社会危害性较大；因三被告均为未成年人，依法应当从轻或者减轻处罚，有自首情节的依法可以从轻或者减轻处罚，三被告认罪态度较好且积极退赃，可以酌情从轻处罚。希望法庭根据以上情节依法做出罪罚相当的判决。

审判长：各被告人有无新的辩护意见？

三位被告人：没有。

审判长：各辩护人有没有新的辩护意见？

辩1：恳请法庭可以对被告人陆伟适用缓刑。

辩2：恳请法庭在量刑时对被告人刘志明适用缓刑。

辩3：恳请法庭考虑被告人李天在校学生的身份，给其一个机会，在量刑时对其适用缓刑。

审判长：各法定代理人有无新的辩护意见？

三位法定代理人：没有。

审判长：经过刚才二轮的法定辩论，控辩双方的观点已经阐明，本庭已记录在案，对于双方的意见，合议庭将在评议时予以充分考虑。法庭辩论终结，依据法律规定，被告人和法定代理人有最后陈述的权利，下面由各被告人作最后陈述。

被告1：尊敬的审判长、审判员、人民陪审员，希望你们能给我一个改过自新的机会，让我从头来过，重新做人。

被告2：尊敬的审判长、审判员、人民陪审员，我已经意识到自己的错误，以前犯错是因为自己法治观念太薄弱，经过这件事，我以后一定遵纪守法，做个合格的公民，希望法庭能给我机会回报社会，孝敬父母。

被告3：尊敬的审判长、审判员、人民陪审员，希望你们可以给我一个重新做人的机会，我很想回到学校好好学习，将来可以用自己所学的知识报效社会，做一个对社会有用的人，也希望通过自己的努力让爸爸妈妈不用为我操心。

审判长：下面由各法定代理人陈述最后意见。

法代1：希望法庭能给我儿子一个重新做人的机会，谢谢。

法代2：希望法庭能给我儿子判缓刑。

法代3：请法庭给我儿子一次机会。

审判长：下面休庭，合议庭进行评议，10分钟后将进行公开宣判。将三被告人押下法庭候审，休庭。

（敲法槌）

宣判

审判长（敲法槌）：现在继续开庭。传被告人陆伟、刘志明、李天到庭。

审判长：被告人陆伟、刘志明、李天抢劫一案，法庭经过刚才的法庭调查，听取了法庭辩论，合议庭根据各被告人的犯罪事实、犯罪性质、情节和对社会危害程度，依照我国刑法的有关规定，进行了评议，合议庭认为本案事实已经查清，现决定当庭宣判：

经审理查明：2014年1月15日，被告人陆伟、刘志明、李天预谋到李天所在杭余市仓中区小街镇第八中学门口抢学生手机，并由被告人李天选定持有苹果手机的其同学吴飞为作案目标。同年1月16日16时许，被告人陆伟、刘志明按照事先约定，到杭余市仓中区小街镇第八中学门口实施抢劫，被告人李天委托他人向被告人陆伟、刘志明指认被害人吴飞后，被告人陆伟、刘志明将被害人吴飞带至学校附近一处偏僻的田地，采用膝盖顶肚子、拳头殴打头部和背部，以及持砖头威胁等暴力方式，劫得被害人吴飞人民币10元及苹果手机1部，赃物价值人民币4300元。后被告人陆伟、刘志明将手机销赃得款人民币1800元，并分给被告人李天人民币200元。

案发后，被告人陆伟、刘志明、李天的亲属分别退出人民币1500元、1500元、1310元，上述款项均扣押于杭余市公安局仓中区分局。

本院认为，被告陆伟、刘志明、李天以非法占有为目的，结伙采用暴力手段强行劫取公民财物，其行为均已构成抢劫罪。公诉机关指控的罪名成立。被告人陆伟、刘志明、李天犯罪时均未满18周岁，依法应当减轻处罚。被告人陆伟、刘志明在共同犯罪中起主要作用，系主犯；被告人李天在共同犯罪中起次要、辅助作用，系从犯，依法应当从轻处罚。被告人李天犯罪后自动投案，并如实供述自己的罪行，系自首，依法可以从轻处罚。被告人陆伟、刘志明均如实供述自己的罪行，当庭自愿认罪，被告人李天当庭自愿认罪，分别予以从轻处罚，并对被告人陆伟、刘志明、李天适用缓刑。各辩护人所提相关辩护意见，本院予以采纳。据此，依照《中华人民共和国刑法》第二百六十三条，第二十五条第一款，第二十六条第一款、第四款，第二十七条，第十七条第一款、第二款、第三款，第六十七条第一款、第三款，第七十二条第一款、第三款，第七十三条第二款、第三款，第五十二条，第五十三条，第六十四条及《最高人民法院关于适用财产刑若干问题的规定》第一条、第二条第二款，《最高人民法院关于审理未成年人刑事案件具体应用法律若干问题的解释》第十五条第一款、第二款之规定，判决如下：

（书记员：全体起立）

第一，被告人陆伟犯抢劫罪，判处有期徒刑二年二个月，缓刑三年，并处罚金人民币 1000 元。

第二，被告人刘志明犯抢劫罪，判处有期徒刑二年，缓刑三年，并处罚金人民币 1000 元。

第三，被告人李天犯抢劫罪，判处有期徒刑一年，缓刑二年，并处罚金人民币 500 元。

第四，扣押于杭余市公安局仓中区分局的被告人陆伟的亲属退出的违法所得人民币 1500 元、被告人刘志明的亲属退出的违法所得人民币 1500 元、被告人李天的亲属退出的违法所得人民币 1310 元，共计人民币 4310 元发还被害人吴飞。

（书记员：全体坐下）

审判长：各被告人，刚才的判决有没有听清楚？

三位被告人：听清了。

审判长：在座的旁听人员以及相应的诉讼参与人，因本案属于依法应当封存犯罪记录的案件，故根据相关法律规定，你们不得传播本案的案件信息，否则要承担相应的责任。

审判长：各被告人及法定代理人，各被告人在入伍、就业、就学的，免除向有关单位报告此次刑事处罚的情况，但若发现漏罪或者犯新罪，将解除前科封存。有无听清楚？

三位被告人：听清楚了。

三位法定代理人：听清楚了。

审判长：判决书打印成文后在五日内送达给被告人和公诉机关及相应的诉讼参与人。如不服本判决，可以在接到判决书的第二日起十日内，向本院或者直接向浙江省杭余市中级人民法院提出上诉。书面上诉的，应交上诉状正本一份，副本两份。

法庭教育阶段

审判长：下面进行法庭教育，首先由公诉人发言。

公诉人 1：被告人陆伟、刘志明今天你们二人站在这个被告人席上，有主观原因也有客观原因。客观原因可能是父母对你们的关注不够，过早进入社会接触到社会上不良影响等。但主要是你们二人主观上的原因所致，法治观念淡薄，好逸恶劳，沉迷网络，逞凶凌弱等是你们二人今天站在这里的重要原因。今天法院念在你们二人年纪尚轻，给了你们二人一次机会，判处缓刑，希望你们二人今后能够戒除网瘾，找到一份属于自己的工作，有自己的一份事业，立足于社会，通过自己的双手去创造财富。

被告人李天，你身为在校学生，却因为沉迷网络，交友不慎，导致学习成绩一落千丈，一步一步走向犯罪的道路。今天法院也对你判处缓刑，希望你能珍惜来之不易的结果，放下心理包袱，好好学习，把落下的功课补上来；你的人生还很漫长，希望你将来学业有成，在社会上有份自己喜欢的工作，通过自己的努力勤劳致富，回报父母和社会，你的未来仍然是美好的。

审判长：下面由辩护人对被告人进行法庭教育。

辩3：今天的法庭审理既是对你们所犯罪行的指控，也是帮你们认识、纠正自己的严重错误。法庭充分考虑到你们的情况，对你们予以特别的关照，充分体现了司法对未成年被告人"教育、感化、挽救"和"教育为主，惩罚为辅"的方针，体现出法庭对未成年人的关爱。

希望你们能够学会正确对待财富、贫穷和富裕。贫穷是暂时的，不是永久的；物质的贫穷并不可怕，精神的贫穷才是真正可怕的。不择手段、不知荣辱地追求财富是不道德、不合法的，不仅会受到道德的谴责，更会受到法律的制裁；不仅会伤害他人、危害社会，更会伤害自己及自己的亲人。

希望你们能够从此事件中吸取深刻教训，好好做人，戒掉网瘾、改过自新，努力学习文化知识，努力工作，做一个勤劳致富、合法赚钱的人，做一个遵纪守法的人，一个对自己、对家人、对社会负责任的人。

审判长：下面由法定代理人进行法庭教育。

法代1：我儿子犯下今天的错误，我有很大的责任。为了赚钱对他疏于管教，酿成了今天的恶果，以后我一定会对他严加管教，帮助他重回校园学习，以后能好好学习，做个对社会有贡献的人。

法代2：刘志明，希望你能从这件事当中吸取教训，不要做一个堕落的人，以后一定要好好生活，千万不要再做违法犯罪的事情。

法代 3：李天，你以后除了认真学习知识之外，还要多学法律知识，不要再因为无知而触犯法律，以后我和你母亲会对你加倍关心和管教，希望你以后能报效社会。

审判长：下面法庭进行教育。

人民陪审员：陆伟、刘志明、李天，你们拥有花一样的年纪，却因为犯了错误今天站在了被告席上，令人心痛和惋惜，这是我们在场的所有人都不愿意看到的。

你们为满足私欲劫取被害人财物的时候，有没有考虑过被害人的身心和财物所受的侵犯。被害人的年纪与你们相仿，也是家里的宝贝、学校的希望、祖国的未来，设身处地，如果是你们被人抢劫，除了经济上的损失之外，你们自己的精神上将会产生多大的恐惧，身体将会遭受怎样的伤害，父母将会多么的心痛，老师将会如何的遗憾。你们，对此有没有认真的反思和悔悟？

综观全案，由于你们家庭教育约束不力，文化程度较低，法律意识淡薄，是非观念不清，自控能力较差，受不良社会风气影响，没有树立正确的世界观、价值观、人生观，为此触犯了法律，不仅危害社会和他人，也给自己的亲人造成伤害，自己因此受到处罚，教训十分深刻。因为你们年纪尚小，真诚悔过，法庭也相信你们已经真正认识到自己的错误，也相信你们愿意痛改前非，所以给你们机会，对你们适用缓刑。希望你们珍惜来之不易的机会，在缓刑考验期内遵守社区矫正的相关规定，积极改造；吸取这次沉痛的教训，学法、知法、懂法、守法；认真学习文化知识和做人的道理，孝敬长辈，回报社会；放下包袱，重新树立生活的信心；在以后的人生道路上，遇事三思而后行，不为外面的花花世界所诱惑，通过自己的辛勤劳动创造财富，对自己和家人负责，成为对社会和家庭有贡献的人。

三位孩子的家长，法庭也有话要对你们讲，古语云"子不教，父之过"，在孩子们犯错后，你们有没有替他们分析原因，有没有思考过自己在其中起到了什么样的作用？法庭相信你们也一定是有所思考的。其实孩子们犯错，家长或多或少都是有责任的。因为孩子们尚未成年，心智发育不成熟，而家长在孩子成长的过程中起着至关重要的作用，是孩子们的启蒙老师。扪心自问，你们对孩子的关心、教育到位吗？方式方法得当吗？现在孩子犯了错误，你们怒其不争的心情可以理解，但这已成既定事实，再多的不甘和抱怨都是枉然，只有引导他们认识错误、改正错误，帮助他们重树信心、回归正道才是最重要的，这也是父母最应该做的。所以请谨记，絮叨、严厉的指责和谩骂只会将这些"特殊时期"的孩子推向更黑的深渊，深切的关爱和耐心的教导才能引领他们走出阴霾，开辟一片广阔的新天地！

审判长：各被告人，经过这么多人对你们进行法庭教育，你们有何感想？

被告1：听了大家的教育，我真的意识到自己的错误了，谢谢法庭给我判缓刑，让我能用自己的双手创造自己的未来。以后我一定好好做人，不会辜负你们对我的教育，不会辜负爸爸的苦心。

被告2：非常感谢你们对我的教育与关爱，我一定不会再沉迷网络了，会找个适合的工作，好好工作，也会孝敬父母，一定不让你们失望。

被告3：我回到学校之后一定会好好学习，好好做人，老师和爸妈为我付出那么多的心血，我一定会做一个好学生、好儿子，不会让他们失望。我也很感谢法庭能给我这个机会，我以后一定多学法律知识，做个对社会有用的人。

审判长：今天的庭审笔录闭庭后交被告人以及相应的诉讼参与人阅看，若有遗漏、差错，可以请求补充、改正，认为无误后应当签名、捺印。

审判长：将被告人陆伟、刘志明、李天押下法庭。现在闭庭。（敲法槌）

活动七　学生法制辩论赛

活动介绍

学生法制辩论赛场景

学生法制辩论赛场景

　　法制辩论赛是仓前实验中学近年来新开发的法制教育拓展性活动。2016年5月成功举办第一届法制辩论赛，取得了较大的成效。随后，学校确定每年5月为八年级法制辩论赛主题活动月。通过宣传发动、班级初赛、学校面试等层层选拔，推选出 8 名辩手参加最后的现场 PK。

　　法制辩论赛活动不仅丰富了校园学法实践活动，而且进一步提升了同学们的法律素养，培养了思辨能力，也充分展现了仓中学子的良好风貌和辩论风采。

阿勇指导

【辩论主题】

　　辩题一般要贴近学生生活，主要解决现实中有争议的话题。例如：初中生是否可以见网友，初中生玩网络游戏利大于弊还是弊大于利，初中生可不可以带手机进校园。

【人员安排】

　　辩论赛一般场上有 8 名辩手和 1 名主持人，场下须有 1 名计时员。辩手一般由自主报名和班级推荐相结合的方式产生，但要经过层层选拔最终确定：正方 4 名（正方一辩、二辩、三辩、四辩），反方 4 名（反方一辩、二辩、三辩、四辩）。

【比赛流程】

环节	程序	时间	备注
开篇立论	正方一辩立论陈词	3 分钟	共 6 分钟
	反方一辩立论陈词	3 分钟	

续 表

环节	程序	时间	备注
攻辩	正方二辩选择反方二或三辩进行	2分	共12分钟
	反方二辩选择正方二或三辩进行	2分	
	正方三辩选择反方二或三辩进行	2分	
	反方三辩选择正方二或三辩进行	2分	
	正方一辩攻辩小结	2分	
	反方一辩攻辩小结	2分	
自由辩论	交替发言，正方开始	每方累计各5分钟	共10分钟
结辩陈词	反方四辩结辩陈词	3分钟	共6分钟
	正方四辩结辩陈词	3分钟	

【比赛规则】

（1）开篇立论环节（共6分钟）

每方立论陈词3分钟，由一辩一次完成。正方一辩先立论陈词，还剩30秒时提醒一次；同样，反方一辩进行3分钟立论陈词，还剩30秒时提醒一次。

（2）攻辩环节（共12分钟）

攻辩设为两轮四次，为一对一质询。第一轮攻辩由正方二辩选择反方二辩或三辩提问，反方二辩选择向正方二辩或三辩提问；第二轮攻辩由正方三辩向反方二辩或三辩提问，反方三辩向正方二辩或三辩提问。攻辩按正→反→正→反顺序进行。质询者必须控制时间，提出与题目相关的、合理清晰的问题，并且可以随时停止被质询者的回答，再询问其他相关问题。被质询者没有固定的回答时间，质询者要求停止回答，被质询者就应该停止，让质询者再问下一个问题。每次攻辩时间为2分钟，每方用时还剩30秒时提醒，时间用尽后铃声会再次响起，此轮攻辩必须停止。

攻辩小结双方各 1 分 30 秒，由正方一辩先发言，每方用时还剩 30 秒时提醒一次，时间用尽后铃声再次响起，发言必须停止。

（3）自由辩论环节（共 10 分钟）

双方各有时间 5 分钟。正方先开始，此后正、反方自动轮流发言。每位辩手在此期间至少发言一次，发言次数、时间及每方四位辩手的发言次序均无限制。某一方辩手发言落座后，对方发言之前这一方任何一位辩手不得再次发言。一方辩手发言落座时该方计时暂停，另一方计时开始。每方用时还剩 30 秒时提示一次，时间用尽后发言必须停止。此时如对方尚有时间，可继续发言，也可向主持人示意放弃剩余时间。

（4）结辩陈词环节（共 6 分钟）

每方结辩陈词由四辩进行，时间为 3 分钟，由反方先发言。每方用时还剩 30 秒时有时间提示，时间用尽后发言必须停止。

5. 奖项设置

比赛设"最佳辩方""优秀辩手"两个奖项。"最佳辩方"为团体奖，由评委打分后汇总，分数高的一方胜出，所有组员颁发证书及奖品，对方组员颁发纪念品。"优秀辩手"为个人奖，每个年级各设 2 名（正、反方各 1 名），由评委根据选手赛场表现打分评出，获奖选手颁发证书和奖品。

范例展示

活动方案：杭师大附属仓前实验中学第二届"与法同行"学生法制辩论赛活动方案

为进一步深化学校课程改革，推进学校法制教育拓展性课程的开发与实施，丰富校园学法实践活动，提升学生的法律素养，培养学生思辨能力，展现学生的良好风貌和辩论风采，促进校园文化的丰富和繁荣，学校法制教育领导小组研究决定，开展第二届"与法同行"学生法制辩论赛活动。现特制订具体方案如下。

1. 辩题

七年级：初中生是否可以见网友

八年级：初中生玩网络游戏利大于弊还是弊大于利

2. 活动时间、地点

时间：2017 年 5 月 17 日（周三）

第一场：9:40—11:20（八年级）

第二场：13:30—15:00（七年级）

地点：艺体楼三楼

3. 活动对象

七、八年级学生

4. 组织单位

主办：杭师大附属仓前实验中学

协办：仓前街道关工委、团委、妇联、司法所

5. 活动安排及要求

（1）发动、报名阶段（4 月 6—11 日）

①动员。学校通过国旗下讲话和海报宣传的形式进行发动。

②海选。本次辩论赛的辩手主要通过自荐和班级推荐两种方式产生。

③复试。根据学生的报名情况，学校组织老师进行面试，每个年级择优产生各 8 名辩手（正方、反方各 4 名）。

（2）培训、准备阶段（4 月 11 日—5 月 16 日）

①培训。每个年级产生的 8 名辩手，抽签进行分组（正方、反方），然后进行辩论知识培训（比赛规则、赛场礼仪、材料准备等内容）。由孙春勇老师负责。

②准备。分组完成后，各方自行准备辩论材料。七、八年级社政备课组长落实老师，进行分组指导，同时聘请杭师大辩手团进行辅导培训。

（3）比赛阶段（5 月 17 日）

八年级（全区展示活动）

①人员安排

辩手：8 人

主持人：蔡雨露

计时员（汇分）：倪雪雯

嘉宾评委：杭师大赵志毅教授、街道相关科室领导 5 人、学校领导 1 人、杭师大最佳辩手 1 人及余杭区教育局教研室相关领导、专家等。

观众：全体八年级学生、八年级学生家长代表、小学六年级家长代表及全区兄弟学校教师代表。

②活动流程

开场前视频暖场（仓中宣传片 10 分钟）

·主持人开场（3 分钟）

·学校法制教育拓展性课程开展情况介绍（视频剪辑 8 分钟）

·辩论（40 分钟）

·场外采访视频播放（教师 1 人、家长代表 3 人 8 分钟）

·嘉宾观点阐述（杭师大赵志毅教授 8 分钟）

·颁发奖项（5 分钟）

本次比赛设"最佳辩方""优秀辩手"两个奖项。"最佳辩方"为团体奖，由评委打分后汇总，分数高的一方胜出，所有组员颁发证书及奖品，对方组员颁发纪念品。"优秀辩手"为个人奖，每个年级各设 2 名（正、反方各 1 名），由评委根据选手赛场表现打分评出，获奖选手颁发证书和奖品。

杭师大附属仓前实验中学

2017 年 4 月 1 日

【辩题精选】

正方：初中生可以见网友	反方：初中生不可以见网友
正方：初中生玩网络游戏弊大于利	反方：初中生玩网络游戏利大于弊
正方：初中生可以带手机进校园	反方：初中生不可以带手机进校园
正方：小错会造成大错	反方：小错不会造成大错
正方：爱的教育比体罚更有效	反方：体罚比爱的教育更有效
正方：法律有情	反方：法律无情
正方：纪律促进个性发展	反方：纪律限制个性发展

辩论赛评分表

团体评分表（100分）			
辩论阶段及分值	阶段评分要点	正方	反方
开篇立论阶段 （20分）	1.观点鲜明，论据成分，引证恰当。 2.审题准确，推理清晰、到位。 3.言简意赅，推理实现度高。		
攻辩阶段 （30分）	1.提问有力，回答干脆。 2.逻辑严密，陈词流畅。		
自由辩论阶段 （30分）	1.提问直接，回答中肯有力。 2.反应机敏，配合有序。		
总结评分要点 （20分）	1.整体明了，总结有力。 2.首尾呼应，有感召力。		
团体总分			

个人评分表（10分）					
	评分标准	一辩	二辩	三辩	四辩
正（反）方	1. 观点鲜明，论据充分，引证恰当。 2. 陈词流畅，分析透彻，逻辑严密。 3. 发音准确，用词得当，层次清楚。 4. 提问合适，回答中肯，反驳精到，切中要害。 5. 反应灵敏，回击有力，配合默契。 6. 表情丰富，仪态端庄，风度优雅，台风、辩风良好。				
正方					
反方					

参考文献

http：//cnews.chinadaily.com.cn/2014−12/04

https：//image.so.com/view

https：//www.sohu.com/a/276684576_123427

http：//k.sina.com.cn/article_2208273904_839f95f0019002mjz.html

http：//www.5671.info/hh/

http：//www.zkjkgc.com/guanjia_news

http：//baijiahao.baidu.com/s?id=1666755114869720975&wfr=spider&for=pc

http：//news.chengdu.cn/2020/0629/2133392.shtml?phone=yes

https：//ps.ssl.qhmsg.com/bdr/300_115_/t0271ed1350b9ad 0ea6.jpg

http：//roll.sohu.com/20140119/n393760457.shtml

http：//www.1010jiajiao.com/gzyw/shiti_id_47769e1c689e47292218b6c6e8c5e
    2b7

https：//ps.ssl.qhmsg.com/t015130676bb7d92cc8.gif

http：//news.youth.cn/sh/201801/t20180104_11240197.htm

http：//thumb.1010pic.com/pic1/upload/papers/c08/20120517/2012051716241
    047566716.png

https：//p0.ssl.qhimgs1.com/bdr/300_115_/t02792048ed 780c4a8a.jpg

https：//p2.ssl.qhimgs1.com/t01200b6f81fa07cdde.png

https：//p0.ssl.qhimgs1.com/bdr/300_115_/t02808a14112 af9b87c.jpg